KB084105

스케치로 시작하는 제2판

아두이노 프로그래밍

Programming Arduino Getting Started with Sketches

SECOND EDITION

스케치로 시작하는
아두이노 프로그래밍 ^{제2판}

1쇄 발행 2016년 11월 30일 **3쇄 발행** 2019년 2월 26일

지은이 사이먼 몽크
옮긴이 배장열
펴낸이 장성두
펴낸곳 주식회사 제이펍

출판신고 2009년 11월 10일 제406-2009-000087호
주소 경기도 파주시 회동길 159 3층 3-B호
전화 070-8201-9010 / **팩스** 02-6280-0405
홈페이지 www.jpub.kr / **원고투고** jeipub@gmail.com
독자문의 readers.jpub@gmail.com / **교재문의** jeipubmarketer@gmail.com

편집부 이종무, 황혜나, 최병찬, 이 슬, 이주원 / **소통·기획팀** 민지환, 송찬수 / **회계팀** 김유미
용지 신승지류유통 / **인쇄** 한승인쇄 / **제본** 광우제책사

ISBN 979-11-85890-73-9 (93000)
값 18,000원

제이펍은 독자 여러분의 아이디어와 원고 투고를 기다리고 있습니다. 책으로 펴내고자 하는 아이디어나 원고가 있으신
분께서는 책의 간단한 개요와 차례, 구성과 저(역)자 약력 등을 메일로 보내주세요.　　**jeipub@gmail.com**

스케치로 시작하는 제2판

아두이노 프로그래밍

Programming **Arduino** Getting Started with Sketches
SECOND EDITION

Simon Monk 지음
배장열 옮김

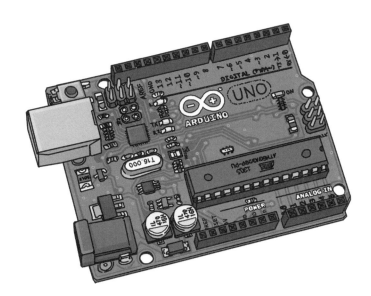

대단히 자랑스러운 나의 아들 스티븐과 매튜에게
_아버지가

차 / 례

옮 / 긴 / 이 / 의 / 말

2013년 첫 선을 보인 책이 3년만에 다시 모습을 드러냈습니다. 기본 골격을 유지하면서 사물 인터넷 프로그래밍이 새로 추가되었죠. 물론 1판의 많은 오류도 수정되었고, 내용 또한 읽기 쉽게 다듬어졌습니다. 저도 원문에서 수정되지 않은 여러 오류를 찾아 고치고 독자가 정확한 지식을 습득할 수 있도록 최선을 다했습니다.

아두이노로 할 수 있는 일은 무궁무진합니다. 지금 이 순간에도 어떤 누구는 아두이노에 이런저런 부품을 연결하여 자신만의 새로운 창작물을 테스트하느라 여념이 없을 것입니다. 아두이노로 어떤 일을 하기 위해서는 관련 부품들을 프로그래밍해야겠죠. 이 책은 아두이노 프로그래밍에 초점이 맞춰져 있으며, 이곳에서 설명하고 있는 내용만으로도 큰 무리 없이 각종 하드웨어를 다룰 수 있을 것입니다.

이 책에서는 C뿐만 아니라 C++도 상세하게 설명하고 있습니다. 또한 라이브러리를 만들고 관리하는 방법, 고급 I/O, 인터럽트, LCD 디스플레이를 사용하는 방법, 아두이노를 웹 서버로 활용하는 방법 등 기초적이면서도 기본적인 내용을 두루두루 언급하고 있습니다. 구체적인 프로젝트를 다양하게 소개하고 있지 않아도 탄탄한 기초 실력과 수준 높은 활용 능력을 기르는 데 전혀 손색이 없을 것입니다.

이 책이 세상에 나오기까지 많은 사람이 땀과 열정을 쏟았습니다. 저는 그분들을 대신해 이 자리에서 몇 자 끄적일 뿐입니다. 제이펍의 장성두 대표님을 비롯해 모든 분들, 정말 고생하셨습니다. 그리고 정말 고맙습니다.

옮긴이 **배장열**

서 / 문

이 책의 1판은 2011년 11월에 출간되어 아마존의 아두이노 관련 서적 순위에서 1위가 되었다.

처음 책을 쓸 때 아두이노 모델은 아두이노 2009이었고, 소프트웨어 버전은 베타 018이었다. 그러다 1판이 서점에 진열될 즈음, 아두이노 우노와 아두이노 소프트웨어 1.0이 출시되었다. 곧 2쇄를 준비하면서 새 보드와 새 소프트웨어를 다루기 위해 사소한 수정이 이뤄졌지만 공식적으로는 2판이 아니었다. 2판에서는 아두이노 1.6을 기반으로 하여 최신 내용으로 업데이트했다.

아두이노 우노 R3는 지금도 표준 아두이노 보드로 인정받고 있다. 하지만 레오나르도, 제로, 101, 듀, 윤 등 공식 아두이노 보드와 포톤, 인텔 에디슨 등 아두이노 프로그래밍 언어 기반 장치를 비롯하여 수많은 보드가 등장했다.

2판에서는 사물 인터넷 분야의 아두이노 활용법도 소개했다. 이 과정에서 OLED와 LCD 등 각종 디스플레이 장치도 함께 다루었다.

사이먼 몽크(Simon Monk)

감 / 사 / 의 / 말

내게 이 책을 쓸 시간과 공간, 심적 지원을 아끼지 않으며 집안 곳곳에 나뒹구는 프로젝트 관련 자료를 깨끗하게 치워 준 Linda에게 감사의 말을 전한다.

그리고 Robert "BobKat" Logan을 비롯하여 매의 눈으로 1판의 잘못을 바로잡아 준 수많은 독자에게 감사한다. 최선을 다해 그들의 노력을 2판에 반영했다.

마지막으로 Michael McCabe와 Srishti Malasi를 비롯하여 이 책이 완성되기까지 힘을 쏟은 수많은 관계자에게 감사의 말을 전한다. 훌륭한 팀과 일하게 되어 정말 즐거운 시간이었다.

아두이노 인터페이스 보드는 마이크로컨트롤러 기반 프로젝트에 걸맞은 쉽고 저렴한 기술의 집약체이다. 크기는 작아도 설치 예술에 사용되는 각종 조명에서 태양 에너지 시스템의 전력 관리에 이르기까지 다양한 일을 할 수 있다.

《30 Arduino Projects for the Evil Genius》를 비롯하여 아두이노에 각종 장치를 연결하는 방법을 보여 주는 프로젝트 기반 책들이 많다. 이 책은 아두이노 프로그래밍에 초점을 맞추었다.

또한, 프로젝트를 방해할 만큼 어렵고 복잡한 코드를 지양하고 아두이노 프로그래밍을 쉽고 즐거운 경험으로 이끌었으며, 아두이노에 사용되는 C 프로그래밍 언어의 기초부터 시작하여 단계별로 아두이노 프로그래밍을 진행했다.

그렇다면 아두이노란 무엇일까?

아두이노는 소형 마이크로컨트롤러 보드로서, 컴퓨터에 연결할 수 있는 USB와 모터나 릴레이, 광센서, 레이저 다이오드, 스피커, 마이크 등 수많은 외부 장치를 연결하기 위한 연결 소켓을 갖췄다. 연결된 장치들은 컴퓨터에 연결된 USB나 9V

배터리, 별도의 전원공급장치로부터 전력을 공급받을 수 있으며, 컴퓨터를 통해 제어 또는 프로그래밍된 다음에는 컴퓨터에서 분리되어 독자적으로 작동할 수도 있다.

아두이노 보드는 오픈 소스로 디자인되었다. 따라서 누구든 아두이노 호환 보드를 만들 수 있다. 이런 경쟁 환경 덕분에 보드 및 다양한 '표준' 보드 아류작들의 가격이 낮아졌다.

아두이노 보드에는 여러 가지 액세서리 쉴드 보드를 장착할 수도 있다.

아두이노를 프로그래밍하기 위한 소프트웨어는 사용하기 쉬우면서도 Windows, 맥, 리눅스 모두에서 자유롭게 사용할 수 있다.

준비물

이 책의 대상은 입문자이지만, 어느 정도 아두이노를 사용한 경험이 있어 아두이노 프로그래밍 지식을 넓히려는 사람이나 기초를 튼튼히 하려는 사람에게도 도움이 될 것이다. 그런 이유에서 이 책은 아두이노 우노 보드를 기준으로 삼았다. 하지만 이 책에 실린 거의 모든 코드는 수정하지 않고도 다른 아두이노 모델이나 호환 보드에 적용할 수 있을 것이다.

이 책을 읽기 위해 어떤 프로그래밍 경험이나 기술적 배경 지식이 있어야 하는 것은 아니다. 실습 과정에서 납땜을 해야 하는 것도 아니다. 오로지 무언가를 만들려는 욕구만 가지고 있으면 된다.

이 책을 최대한 활용하고 실습을 직접 진행하기 위해서는 다음을 준비하는 것이 좋다.

- 단심선 몇 가닥
- 저렴한 디지털 멀티미터

둘 다 근처 전파상이나 온라인 쇼핑몰에서 얼마 되지 않은 금액으로 구입할 수 있다. 물론 아두이노 우노 보드도 준비해야 한다.

조금 더 깊이 들어가 디스플레이 장치나 네트워크 연결까지 실습해 보고 싶다면 쉴드도 준비해야 할 것이다. 자세한 내용은 9장과 10장에서 다루고 있다.

이 책 사용법

이 책은 매우 간단한 내용에서 시작하여 배운 내용을 토대로 조금씩 새로운 내용을 쌓아 올리는 구조를 보이고 있다. 하지만 자신이 생각하기에 적당한 곳에서 곧바로 시작할 수도 있다.

이 책의 구성은 다음과 같다.

- **1장** **이것이 아두이노이다** 아두이노 하드웨어를 소개하는 장. 다양한 종류의 아두이노 보드와 그 기능을 설명한다.
- **2장** **첫 발 떼기** 이곳에서는 첫 아두이노 보드 실습을 진행한다. 소프트웨어 설치, 전원 연결, 첫 스케치 업로드를 실습한다.
- **3장** **C 언어 기초** 이곳에서는 C 언어의 기초를 다룬다. 생초보를 위해 일반적인 프로그래밍 개념도 다룬다.
- **4장** **함수** 아두이노 스케치에서 함수를 사용하고 작성할 때 필요한 핵심 개념을 설명한다. 이 스케치들은 실행 가능한 예시 코드를 통해 직접 확인할 수 있다.
- **5장** **배열과 문자열** 단순 정수 변수보다는 복잡하고 진보한 데이터 구조를 만들고 사용하는 방법을 다룬다. 모스부호 프로젝트를 찬찬히 진행하면서 핵심 개념들을 살펴본다.

6장 **입력과 출력** 디지털 및 아날로그 입출력을 프로그램에서 어떻게 사용하는지 살펴본다. 아두이노의 입출력 연결 단자에서 어떤 일이 벌어지고 있는지 이해하는 데 멀티미터가 여러모로 유용할 것이다.

7장 **아두이노 표준 라이브러리** 아두이노 표준 라이브러리에 제공되는 표준 아두이노 함수를 어떻게 사용하는지 설명한다.

8장 **데이터 저장소** EEPROM에 데이터를 저장하는 방법과 아두이노 내장 플래시 메모리를 사용하는 방법을 다룬다.

9장 **디스플레이** 아두이노와 디스플레이의 인터페이스를 살펴보고, 간단한 USB 메시지 보드를 만든다.

10장 **아두이노와 사물 인터넷 프로그래밍** 아두이노를 웹 서버로 사용하는 방법, IFTTT 서비스 등을 사용하여 인터넷과 통신하는 방법 등을 다룬다.

11장 **C++와 라이브러리** 객체 지향 등 C로 구현할 수 없는 C++의 내용을 다루며, 라이브러리를 직접 작성하여 아두이노에 추가하는 방법을 살펴본다.

1

이것이 아두이노이다

아두이노는 전자기기 애호가들에게 상상력의 날개를 선사할 수 있는 마이크로컨트롤러 플랫폼이다. 사용하기도 쉽고 오픈 소스로 설계된 덕분에 전자기기 프로젝트를 진행하려는 사람들에게 대단히 큰 환영을 받고 있다.

아두이노는 핀을 통해 전자기기를 연결하여 다양한 기능을 제어한다. 가령, 조명을 켜거나 끄고, 모터를 돌리거나 중지시키고, 빛과 온도 등을 감지할 수 있다. 이런 특성 때문에 아두이노를 **물리적 컴퓨팅**이라고 부르기도 한다. 또한 아두이노는 USB 방식으로 컴퓨터에 연결할 수 있기 때문에 컴퓨터에서 전자기기를 제어하는 인터페이스 보드로도 사용할 수 있다.

이 장에서는 아두이노를 소개하면서 전반적인 하드웨어 특징을 비롯하여 그 역사와 배경도 함께 언급하고자 한다.

마이크로컨트롤러

아두이노의 중심은 마이크로컨트롤러이다. 나머지 부품들은 보드에 전원을 공급하거나 데스크톱 컴퓨터와 통신하는 역할을 담당한다.

마이크로컨트롤러는 고작 칩 하나로 구현된 작은 컴퓨터이지만 초기 가정용 컴퓨터보다 더 많은 기능을 발휘한다. 구체적으로 보자면, 프로세서 하나, 데이터 저장용 RAM 1~2KB, 프로그램 데이터용 EEPROM 또는 플래시 메모리 수 KB, 입출력 핀 여러 개 등이 전부이다. 입출력(I/O) 핀은 마이크로컨트롤러와 각종 전자기기를 연결하는 데 사용된다.

입력 핀은 디지털(스위치의 점멸)과 아날로그(핀에서 감지되는 전압의 양)를 읽을 수 있다. 따라서 이런저런 센서를 편리하게 연결하여 빛, 온도, 소리 등 다양한 조건을 감지할 수 있다.

출력 핀도 아날로그와 디지털을 지원한다. 따라서 출력 핀을 off나 on 상태로 지정할 수 있으며(순서대로 0V와 5V에 해당함), 이에 따라 LED를 직접 켜고 끄거나 모터처럼 좀 더 높은 전력이 필요한 장치를 제어할 수도 있다. 또한 핀의 출력을 특정 전압으로 지정하여 모터의 속도를 제어한다거나 조명의 밝기를 제어하는 등 아날로그 출력도 구현할 수 있다.

아두이노 우노(Uno) 보드 중앙에 떡하니 자리를 잡고 있는 것이 28핀으로 구현된 마이크로컨트롤러이다. 이 단일 칩에는 메모리와 프로세서, 입출력 핀을 위한 모든 것이 들어 있다. 주요 마이크로컨트롤러 제조업체 가운데 하나인 아트멜(Atmel)이 우노의 마이크로컨트롤러를 담당했다. 한편, 제조업체들은 서로 다른 제품군의 마이크로컨트롤러를 수십여 종 생산하고 있다. 이렇게 생산되는 마이크로컨트롤러가 전부 우리 같은 전자기기 애호가를 위한 것은 아니다. 우리는 거대한 전자기기 시장에서 일부만을 차지할 뿐이다. 그보다는 자동차, 세탁기, DVD 플레이어, 장난감, 공기청정기 등에 내장되는 용도가 훨씬 더 많다.

아두이노가 대단한 것은 마이크로컨트롤러의 표준화를 통해 불필요한 선택의 폭을 줄였기 때문이다. (다시 살펴보겠지만, 엄밀히 말하면 이 문장은 진실이 아니다. 진실에 매우 가까울 뿐이다.) 따라서 새 프로젝트를 시작할 때 다양한 마이크로컨트롤러들의 장단점을 일일이 따질 이유가 사라졌다.

개발 보드

앞에서 말한 대로 마이크로컨트롤러는 하나의 칩이다. 칩 마이크로컨트롤러는 그 자체만으로 작동하지 않는다. 정확한 전기를 안정적으로 공급해 줄 수 있는 지원 부품들과 마이크로컨트롤러를 프로그래밍하기 위해 컴퓨터와 통신할 수 있는 수단이 제공되어야 한다(다만, 전기 부분은 논란의 소지가 있다).

이런 요구를 해결한 것이 바로 개발 보드이다. 아두이노 우노 보드는 독립적인 오픈 소스 하드웨어 디자인으로 구현된 마이크로컨트롤러 개발 보드이다. 다시 말해 PCB(Printed Circuit Board) 디자인 파일과 구조도가 완전히 공개되었기 때문에, 누구든 그대로 가져다 자유롭게 변형하여 새로운 형태의 아두이노 보드로 제작, 판매할 수 있다.

아두이노 보드용 ATmega328 마이크로컨트롤러를 만든 아트멜 등 마이크로컨트롤러 제조사들은 이런 원칙에 따라 저마다 개발 보드와 프로그래밍 소프트웨어를 제공하고 있다. 다만, 이들 제품이 상당히 저렴하기는 해도 대부분 취미용이 아닌 전문가 수준의 전자공학용이라 할 수 있다. 따라서 이들 보드와 소프트웨어 사용법은 어려우며, 그럴듯한 결과물을 얻기 위해서는 상당한 학습량을 투자해야 한다.

아두이노 보드 살펴보기

아두이노 우노 보드의 모습을 그림 1-1에 나타내었다. 이어서 이 보드에 있는 각종 부품들을 간단하게나마 살펴보자.

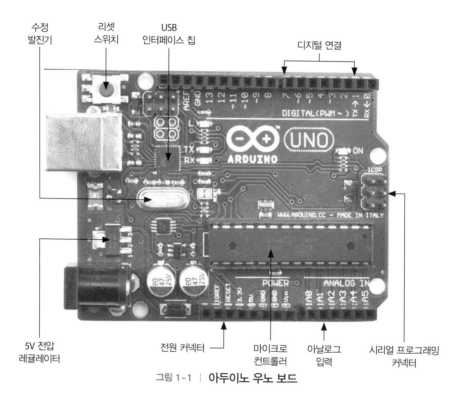

| 수정 발진기 | 리셋 스위치 | USB 인터페이스 칩 | 디지털 연결 |

5V 전압 레귤레이터   전원 커넥터   마이크로 컨트롤러   아날로그 입력   시리얼 프로그래밍 커넥터

그림 1-1 | **아두이노 우노 보드**

전력 공급

그림 1-1에서 USB 커넥터 바로 아래에 5V 레귤레이터(Regulator)가 보인다. 레귤레이터는 전원 소켓에서 공급되는 7V에서 12V 사이의 전압을 안정적인 5V 전압으로 조정한다.

이 5V 전압 레귤레이터 칩은 표면 장착 소자 치고는 상당히 커서 높은 전류에서 안정적인 전압을 제공할 때 발생하는 열을 효과적으로 분산시킬 수 있다. 따라서 외부 전자기기를 구동할 때 유용하다.

아두이노를 배터리나 DC 전원 잭으로 연결하여 사용할 수도 있지만, USB 포트를 통해서도 전력을 공급받을 수 있다. 특히 USB 연결은 아두이노를 프로그래밍할 때 사용된다.

전원 연결

그림 1-1의 아래쪽 커넥터들을 살펴보자. 커넥터 옆에는 해당 이름이 적혀 있다. 가장 먼저 살펴볼 핀은 Reset이다. 이 핀은 아두이노 보드에 있는 리셋 스위치와 동일한 기능을 수행한다. PC를 재시동할 때와 마찬가지로 Reset 커넥터는 마이크로컨트롤러를 리셋하여 그 프로그램을 초기 상태로 돌린다. Reset 커넥터를 사용하여 마이크로컨트롤러를 리셋하려면 이 핀을 순간적으로 low 상태로 설정(0V로 연결)해야 한다.

전원부의 나머지 핀들은 보드에 표시된 대로 3.3V, 5V, GND, 9V 등 다양한 전압을 제공한다. GND나 ground라는 용어는 0V를 의미한다. 이 전압은 보드에서 발생하는 다른 모든 전압에 상대적으로 적용되는 기준 전압이다.

아날로그 입력

Analog In A0부터 A5로 표시된 6개 핀은 각 핀에 연결된 전압을 측정하는 데 사용되며, 이렇게 측정된 값은 최종적으로 스케치(아두이노 프로그램)에서 사용된다. 한 가지 주의할 점은 측정 대상이 전류가 아니라 전압이라는 사실이다. 이 핀들에는 매우 큰 내부 저항이 있어서 극히 소량의 전류만 핀을 통해 접지로 흐르기 때문이다.

이 입력들은 아날로그로 표시되어 있고 기본적으로도 아날로그 입력이지만 디지털 입력이나 출력으로도 사용할 수 있다.

디지털 연결

이번에는 그림 1-1의 위쪽 커넥터 차례다. Digital 0부터 13까지로 표시된 이 핀들은 입력이나 출력으로 사용할 수 있다. 출력으로 사용되면 앞에서 설명한 전력 공급 커넥터처럼 작동하되 모두 5V라는 점과 스케치에서 on이나 off로 설정할 수 있다는 점이 다르다. 따라서 이 핀들은 스케치에서 on으로 설정하면 5V가 되고, off로 설정하면 0V가 된다. 단, 전력 공급 커넥터와 마찬가지로 최대 전류 용량을 초과하지 않도록 주의해야 한다. 처음 두 개의 연결(0과 1)은 수신을 의미하는 RX와 송신을 의미하는 TX로도 표시되어 있다. 이 두 연결은 통신용으로서 예약된 것이기도 하며, 컴퓨터에 USB로 연결될 때 수신 및 송신용으로 사용되기도 한다.

이와 같은 디지털 연결은 5V에서 40mA(밀리암페어)를 공급할 수 있다. 이 정도의 전류라면 전기 모터를 직접 구동하기에는 충분하지 않아도 표준 LED를 켜기에는 충분하다.

마이크로컨트롤러

이제 아두이노 보드에서 가장 중요한 부품인 마이크로컨트롤러 칩을 살펴보자. 검은색 직사각형 모양의 이 칩은 핀이 모두 28개이며, 쉽게 교체할 수 있도록 DIL(Dual In-Line) 소켓에 장착되어 있다. 아두이노 우노 보드에는 ATmega328이라는 28핀 마이크로컨트롤러 칩이 사용된다. 그림 1-2에 이 장치의 주요 특징을 블록 다이어그램으로 나타내었다.

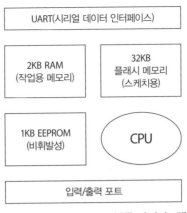

그림 1-2 | **ATmega328 블록 다이어그램**

이 장치의 두뇌는 중앙 처리 장치, 즉 CPU(Central Processing Unit)이다. CPU는 장치 내에서 이루어지는 모든 것을 제어한다. CPU는 플래시 메모리에 저장되어 있는 프로그램 명령어를 가져와 실행하는데, 이 과정에서 작업용 메모리(RAM)에 있는 데이터를 가져와 변경하고 다시 저장하는 작업도 포함된다. 디지털 출력이 0V에서 5V로 변경되는 것도 이 과정을 통해 이뤄지는 셈이다.

EEPROM 메모리는 비휘발성이라는 점에서 플래시 메모리와 비슷하다. 다시 말해 장치를 껐다가 다시 켜더라도 EEPROM에 저장되어 있던 데이터는 사라지지 않고 그대로 유지된다. 플래시 메모리는 프로그램 명령(스케치)들을 저장하는 용도인데 반해 EEPROM은 리셋이나 전원이 꺼진 상태에서도 유지하고 싶은 데이터를 저장하는 데 사용된다.

기타 부품

마이크로컨트롤러 왼쪽 가운데쯤에는 모서리가 둥근 은색 사각형 부품이 보인다. 이것은 수정 발진기(quartz crystal oscillator)로, 클록 신호를 1초에 1,600만 번 발생시킨다. 마이크로컨트롤러는 한 번의 클록 신호마다 덧셈이나 뺄셈과 같은 수학 연산을 하나씩 수행한다.

왼쪽 상단 구석에는 리셋 스위치가 보인다. 이 스위치를 누르면 논리 펄스가 마이크로컨트롤러의 리셋 핀으로 전송되며, 논리 펄스를 수신한 마이크로컨트롤러는 작업용 메모리를 지우고 프로그램을 처음부터 시작한다. 하지만 장치에 저장되어 있던 프로그램은 지워지지 않고 그대로 유지된다. 프로그램은 전원이 끊어진 상태에서도 데이터를 간직하는 비휘발성 플래시 메모리에 저장되기 때문이다.

보드의 오른쪽 가장자리에는 시리얼 프로그래밍 커넥터가 있다. 이 커넥터는 USB 포트를 사용하지 않고 아두이노를 프로그래밍할 때 사용된다. 하지만 이 책에서는 USB 연결도 사용할 수 있고, 편리하게 사용할 수 있는 소프트웨어도 있기 때문에 시리얼 프로그래밍 커넥터는 사용하지 않는다.

USB 소켓 바로 옆에는 USB 인터페이스 칩이 보인다. 이 칩은 USB 표준에 따라 사용되는 신호 수준을 아두이노 보드에서 직접 사용할 수 있는 신호 수준으로 변환한다.

아두이노의 기원

원래 아두이노는 교보재로 개발되었으나, 2005년에 마시모 반지(Massimo Banzi)와 데이비드 콰르티에예스(David Cuartielles)의 손에서 상업용으로 재탄생했다. 이후 아두이노는 사용이 편리하고 내구성이 높다는 장점에 힘입어 메이커, 학생, 예술가 등에게 큰 인기를 얻었다.

큰 인기를 끌게 된 데는 아두이노의 모든 설계를 CC(Creative Commons) 라이선스에 따라 자유롭게 이용할 수 있었다는 점도 작용했다. 이에 따라 수많은 저가형 대체 보드가 등장할 수 있었다. 유일한 보호 대상이 아두이노(Arduino)라는 이름뿐이었으므로 Boarduino, Seeeduino, Freeduino 등 '*duino' 형식의 이름을 단 일종의 클론들이 곧잘 눈에 띄었다. 하지만 2014년에 원래 아두이노 팀과 주요 제조업체 사이에서 불화가 일어났다. 그 결과 아두이노 우노가 미국 이외의 지역에서 제누이노 우노(Genuino Uno)라는 이름으로 출시되었다. 대형 소매업체들은 높은 품질로 깔끔하게 구성된 공식 보드만 판매하고 있다.

아두이노의 성공은 마이크로컨트롤러 보드만으로 이뤄진 것이 아니며, 아두이노 보드에 직접 연결할 수 있는 수많은 아두이노 호환 쉴드 보드 덕분이기도 했다. 쉴드는 생각할 수 있는 거의 모든 용도로 만들어지기 때문에 납땜을 하지 않고도 차곡차곡 쌓는 방식으로 원하는 작업을 손쉽게 수행할 수 있다. 대표적인 쉴드는 다음과 같다.

- 아두이노에 웹 서비스 기능을 제공하는 이더넷 쉴드
- 전기 모터를 구동시키는 모터 쉴드
- USB 장치를 제어하는 데 사용되는 USB 호스트 쉴드
- 아두이노에서 릴레이의 스위치 역할을 담당하는 릴레이 쉴드

그림 1-3에서 왼쪽은 모터 쉴드이고 오른쪽은 릴레이 쉴드의 모습이다.

그림 1-3 | **모터 쉴드와 릴레이 쉴드**

아두이노 제품군

다양한 아두이노 보드에 대해서도 조금 알고 있어야 여러모로 편하다. 이 책에서는 아두이노 우노, 정확히 말하면 아두이노 우노 R3(리비전 3)를 표준 장치로 사용할 것이다. 사실 우노는 아두이노 중에서 현재까지 가장 많이 사용되고 있는 보드다. 하지만 어떤 보드든 동일한 언어를 사용하여 프로그래밍하고 외부 연결도 거의 같기 때문에 다른 보드라도 사용하는 데 지장은 거의 없다.

우노와 레오나르도

아두이노 우노는 아두이노 보드 시리즈 중 하나이다. 이 시리즈에는 디에치밀라(Diecimila, 이탈리아어로 10,000)와 듀에밀라노베(Duemilanove, 이탈리아어로 2009)도 있다. 그림 1-4는 아두이노 레오나르도(Leonardo)의 모습이다. 이쯤 되면 아두이노를 이탈리아인의 발명품으로 추측했다고 해도 무리는 아닐 듯하다.

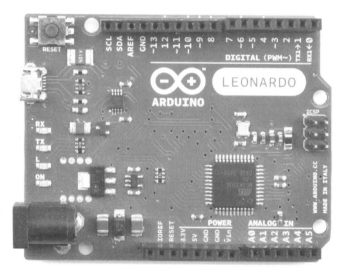

그림 1-4 | **아두이노 레오나르도**

아두이노 레오나르도(그림 1-4)는 인기 많은 아두이노 보드의 한 종류이며, 거의 모든 곳에서 아두이노 우노 대신 사용된다. 그리고 우노보다 약간 저렴하지만 외부 연결 구조는 우노와 동일하다. 레오나르도는 프로세서 칩이 보드 자체에 납땜이 되어 고정된 구조이기 때문에 이 칩을 떼어 낼 수 없다(우노의 칩은 떼어 낼 수 있다). 레오나르도의 가격이 저렴한 데는 우노처럼 칩을 별도로 부착하지 않고 자체 USB 인터페이스가 포함된 칩이 보드에 고정된 탓도 있다.

메가와 듀

아두이노 메가(Mega)는 고성능 아두이노 보드다. 입출력 포트가 상당히 많다는 점이 메가의 가장 큰 자랑이며, 보드 한쪽 끝에 가지런히 배열된 덕분에 아두이노 우노나 레오나르도를 비롯하여 아두이노용 쉴드와도 예외 없이 핀 호환성을 유지하고 있다.

메가에는 입출력 핀이 더 많은 프로세서인 ATmega128이 적용되었다. ATmega128은 보드 표면에 영구적으로 부착되는 프로세서이다. 따라서 우노 계열의 보드와는 달리 실수로라도 손상되었을 때 다른 프로세서로 교체할 수 없다.

부가 커넥터들은 보드 끝에 배열되었으며, 제공하는 부가 기능은 다음과 같다.

- 54개의 입출력 핀
- 스케치 및 고정 데이터를 저장하기 위한 128KB의 플래시 메모리(우노는 32KB)
- 8KB의 RAM과 4KB의 EEPROM

아두이노 듀(Due, 그림 1-5)는 메가와 크기도 같고 연결 구조도 같지만, 84MHz 32비트 ARM 프로세서가 적용되었다는 점이 다르다. 그리고 작동하는 전압도 여느 아두이노 보드의 5V가 아니라 3.3V다. 그런 이유에서 아두이노용 쉴드는 올바로 작동하지 않는다.

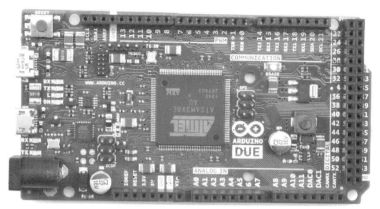

그림 1-5 | 아두이노 듀

마이크로와 소형 아두이노 보드

우노가 너무 커 사용하기 곤란할 때는 크기를 줄인 아두이노 및 아두이노 호환 보드도 고려해 볼 만하다. 그림 1-6에 몇 가지 모델을 나타내었다.

아두이노 마이크로(Micro)는 레오나르도와 마이크로컨트롤러는 같지만 좀 더 '컴팩트'해졌다. 레오스틱(LeoStick)이나 에이다프루트(Adafruit)의 트링켓(Tricket) 등 서드파티 보드들은 마이크로의 대안으로 손색이 없다.

다만, 마이크로 등 이들 소형 보드는 우노보다 무척 작아 우노 크기의 쉴드를 적용할 수 없다는 단점이 불가피하다.

윤

아두이노 윤(Yun, 그림 1-7)은 소형 와이파이(WiFi) 모듈이 장착된 아두이노 레오나르도에 리눅스를 설치한 구조로 보면 된다. 한마디로 인터넷 연결이 가능한 아두이노를 염두에 둔 보드인 셈이다. 윤에서 아두이노와 리눅스는 브릿지(bridge)라는 소프트웨어를 통해 연결된다. 윤을 프로그래밍할 때는 일반적인 아두이노 IDE가 사용되지만, 윤을 네트워크에 연결하고부터는 아두이노 IDE에서 무선으로 프로그래밍할 수도 있다.

그림 1-6 ┃ 아두이노 마이크로(왼쪽), 프리트로닉스(Freetronics)의 레오스틱(가운데), 에이다프루트의 트링켓(오른쪽)

그림 1-7 ┃ 아두이노 윤

릴리패드

릴리패드(Lilypad, 그림 1-8)는 이른바 웨어러블 컴퓨팅(wearable computing)에 활용할 수 있도록 옷에 부착할 수 있는 형태로 제작된 초소형, 초박형 아두이노 보드이다.

릴리패드에는 USB가 적용되지 않았으므로 프로그래밍하려면 별도의 어댑터가 필요하다. 이런 구조 덕분에 전체 디자인은 놀랄 정도로 아름답다.

에이다프루트에서는 릴리패드와 개념적으로 유사한 플로라(Flora) 보드도 판매한다.

그 밖의 '공식' 보드들

지금까지 언급한 아두이노 보드들이 가장 널리 사용되고 인기도 높다. 하지만 아두이노 제품군은 끊임없이 변화하고 있으며, 최신 제품군 리스트는 공식 아두이노 사이트인 www.arduino.cc/en/Main/Hardware에서 제공하고 있다.

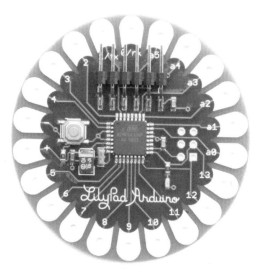

그림 1-8 | **아두이노 릴리패드**

아두이노 클론과 변종

비공식 보드는 크게 두 종류로 나뉜다. 한 종류는 아두이노의 표준 오픈 소스 하드웨어 디자인에 따라 저렴하게 제작된 보드들이며, 그중에서 쉽게 찾을 수 있는 보드들의 이름은 다음과 같다.

- 스파크펀(Sparkfun)의 레드보드(RedBoard)

- 에이다프루트의 메트로(Metro)

- 올리멕시노(Olimexino)

흥미로운 것은 일부 아두이노 호환 디자인이 기존 아두이노의 기능을 확장하고 개선할 목적으로 구현되었다는 점이다. 이와 같은 새로운 유형의 보드들은 너무 많아서 하나하나 열거할 수는 없지만 그중에서 흥미롭고 유명한 보드들만 소개하면 다음과 같다.

- 노드(Node) MCU 보드. ESP8266 와이파이 시스템을 바탕으로 구현되었다. 아두이노의 와이파이 연결용 저가형 솔루션이다. 자세한 내용은 10장에서 설명하고 있다.
- 에이다프루트의 트링켓. 초소형 아두이노 보드
- 프리트로닉스의 이더텐(EtherTen). 이더넷이 내장된 아두이노
- 파티클(Particle)의 포톤(Photon). 와이파이가 지원되는 저가형 보드. 인터넷을 통해 아두이노 C로 프로그래밍할 수 있다. 단, 아두이노 IDE가 아닌 웹 기반 IDE를 사용해야 한다.

정리

지금까지 아두이노 하드웨어를 간단하게나마 살펴보았다. 다음 장에서는 아두이노 소프트웨어를 설치해 보자.

2/ 첫 발 떼기

앞에서는 아두이노를 소개했고 프로그래밍할 대상에 대해 간단하게나마 살펴보았다. 이제 컴퓨터에서 사용할 소프트웨어를 어떻게 설치하는지 알아보고 간단한 코드 작업도 시작해 보자.

켜기

아두이노 보드는 대개 작은 LED를 깜빡이게 하는 간단한 Blink 프로그램이 샘플로 미리 설치되어 판매된다.

L이라고 표시된 LED는 디지털 입출력 소켓 중 하나인 13번 디지털 핀에 연결되어 있다. 하지만 이 핀이 LED를 켜는 데만 사용되지는 않는다. 일반적인 디지털 입력이나 출력으로 사용될 수도 있다.

아두이노를 시동하고 사용하는 데 많은 전력이 필요하지는 않다. 가장 쉽게 전력을 공급받는 방법은 컴퓨터의 USB 포트에 연결하는 것인데, USB 포트에 연결하려면 A-B 타입의 USB 케이블이 필요하다. 쉽게 말하면 프린터를 컴퓨터에 연결할 때 사용하는 그런 종류가 필요하다.

아무런 문제가 없다면 이제 LED가 깜박이는 모습을 볼 수 있다. 아두이노 보드에 제공되는 Blink 스케치를 통해 보드의 올바른 작동 여부를 쉽게 확인할 수 있다.

소프트웨어 설치하기

새 스케치를 아두이노 보드에 설치할 수 있으려면, 우선 아두이노 소프트웨어(그림 2-1)부터 설치해야 한다.

Windows나 리눅스, 맥 컴퓨터에서 소프트웨어를 설치하기 위한 세부 과정은 아두이노 웹사이트(www.arduino.cc)에서 설명하고 있다.

아두이노 소프트웨어의 설치 시 플랫폼 종류에 따라 USB 드라이버도 함께 설치된다. 설치가 완료되면 아두이노 보드로 프로그램을 업로드할 수 있다.

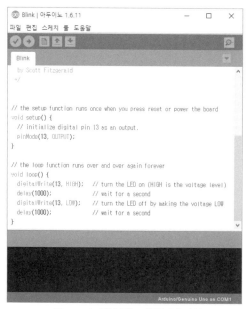

그림 2-1 | 아두이노 애플리케이션

첫 스케치 업로드하기

깜빡이는 LED는 프로그래밍 언어를 배울 때 처음 만나는 전통적인 'Hello World' 프로그램과 성격이 비슷하다. 이제 이 프로그램을 아두이노 보드에 설치하고 직접 수정하여 아두이노 환경을 테스트해 보자.

컴퓨터에서 아두이노 애플리케이션을 시작하면 빈 스케치가 열린다. 다행스럽게도 매우 유용한 예제들이 함께 제공되므로 파일 메뉴부터 클릭해 보자. 그림 2-2처럼 Blink 프로그램을 연다.

그림 2-2 │ **Blink 스케치**

이제 Blink 스케치를 아두이노 보드에 전송, 즉 업로드해야 한다. USB 케이블로 아두이노 보드를 컴퓨터에 연결한다. 아두이노 보드의 초록색 'On' LED가 켜지는데, 대개 아두이노 보드에는 Blink 스케치가 이미 설치되었기 때문에 아마 아두이노 보드의 LED도 깜박이고 있을 것이다. 하지만 Blink 스케치를 다시 설치하고 수정하는 과정까지 진행해 보자.

스케치를 업로드하려면 어떤 보드를 사용하고 있는지와 어떤 시리얼 포트에 연결했는지부터 아두이노 애플리케이션에 알려 주어야 한다. 그림 2-3과 2-4는 툴 메뉴에서 이 과정을 진행한 모습이다.

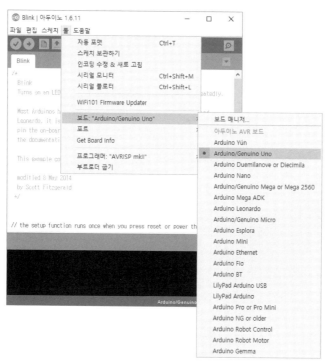

그림 2-3 │ **보드의 종류 선택하기**

그림 2-4 │ **시리얼 포트 선택하기(Windows)**

Windows 컴퓨터에서 시리얼 포트는 항상 COM 다음에 번호가 붙어 표시된다. 맥이나 리눅스 컴퓨터에서는 그보다 훨씬 더 긴 이름의 리스트로 표시된다(그림 2-5). 대개 리스트에서 가장 아래쪽 장치, 그림의 경우에는 /dev/cu.usbmodernFD131 방식의 이름을 선택하면 된다.

이제 도구 모음에서 업로드 아이콘(그림 2-6에서 동그라미로 표시된 곳)을 클릭한다.

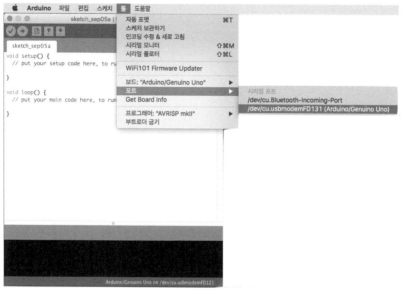

그림 2-5 │ 시리얼 포트 선택하기(맥)

버튼을 클릭하고 잠시 기다리면 스케치가 컴파일되고 전송이 시작된다. 별다른 문제가 없을 때는 스케치가 전송되는 동안 LED들이 맹렬하게 깜빡인다. 전송이 완료되면 아두이노 애플리케이션 창 하단에 "업로드 완료" 메시지가 표시된다. 그리고 "스케치는 프로그램 저장 공간 928 바이트(2%)를 사용."과 비슷한 메시지도 출력된다.

업로드가 완료되면 아두이노는 자동으로 스케치를 실행한다. 노란색 'L' LED가 깜빡이는 모습을 확인할 수 있을 것이다.

무슨 문제가 있다면 시리얼 포트나 보드의 종류를 잘못 선택하지는 않았는지 확인해야 한다.

이제 LED를 더 빨리 깜빡이도록 스케치를 수정해 보자. 스케치에는 지연 시간을 1,000밀리초로 지정한 곳이 두 번 등장하는데, 이를 500밀리초로 변경한다. 그림 2-7은 변경한 두 곳에 동그라미를 친 모습이다.

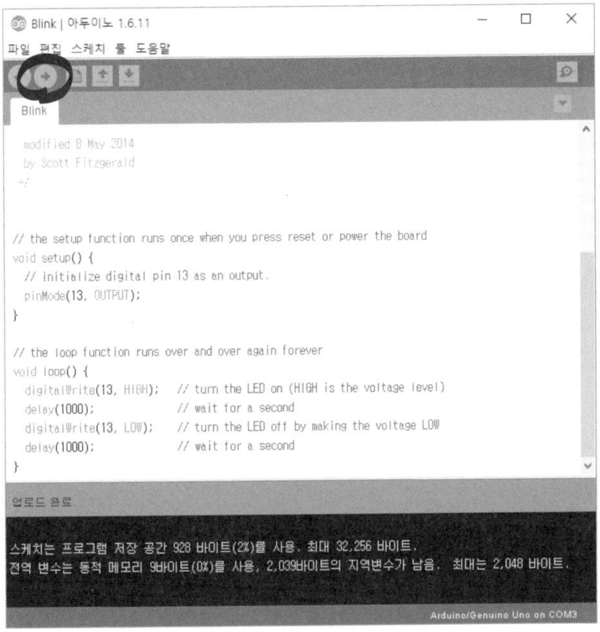

그림 2-6 | 스케치 업로드하기

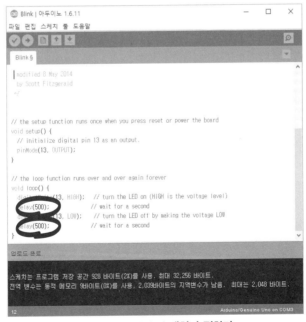

그림 2-7 | Blink 스케치 수정하기

업로드 버튼을 다시 클릭한다. 스케치가 업로드되면 이번에는 아까보다 두 배나 빨리 깜빡이는 LED를 확인할 수 있을 것이다.

드디어 아두이노로 프로그래밍을 할 모든 준비를 마쳤다. 진심으로 축하한다! 마지막으로 아두이노 애플리케이션을 간단하게나마 이곳저곳 구경해 보자.

아두이노 애플리케이션

아두이노의 스케치는 워드프로세서로 작성한 문서와 비슷하다. 따라서 열어서 볼 수도 있고 전체 또는 일부 내용을 복사할 수도 있다. 따라서 파일 메뉴에는 열기, 저장, 다른 이름으로 저장 등의 다양한 옵션이 제공된다. 다만, 열기 옵션은 자주 사용되지 않는다. 아두이노 애플리케이션에서는 스케치북(Sketchbook)이라는 개념을 바탕으로 모든 스케치를 폴더 단위로 세밀하게 관리하기 때문이다. 스케치북은 파일 메뉴를 통해 접근할 수 있다. 아두이노를 설치한 초반에는 사용자가 스케치를 작성하기 전이라 스케치북이 빈 상태다.

앞에서 잠깐 보았듯 아두이노 애플리케이션에는 매우 유용한 예시 스케치가 많이 제공된다. Blink 스케치를 수정한 후 저장하려고 하면 "파일이 '읽기 전용'으로 표시됩니다. 다른 장소에 스케치를 다시 저장을 해야 합니다."라는 메시지 대화 상자가 표시된다.

이것부터 처리해 보자. 기본 위치를 그대로 두고 그림 2-8처럼 파일명을 MyBlink로 변경하고 저장한다.

이제 파일 메뉴에서 스케치를 클릭하면 MyBlink 항목이 보인다. Windows에서는 이 스케치가 내 문서 폴더에 있으며, 맥이나 리눅스에서는 Documents/Arduino 폴더에 있다.

그림 2-8 │ **Blink의 복사본 저장하기**

이 책에서 사용되는 모든 스케치는 www.arduinobook.com에서 zip 파일(Programming_
Arduino.zip)로 다운로드할 수 있다. 될 수 있으면 지금 이 파일을 다운로드하고 앞
에서 언급한 Arduino 폴더에 넣고 압축을 풀면 Arduino 폴더에 두 개의 폴더가
만들어진다. 하나는 새로 저장했던 MyBlink 폴더이고, 다른 하나는 조금 전 압축
을 풀었던 programming_arduino_ed2-master 폴더이다(그림 2-9). programming_
arduino_ed2-master 폴더에 있는 모든 스케치는 장별로 번호가 지정되어 있다. 가
령, sketch_03_01은 3장의 첫 번째 스케치이다.

programming_arduino_ed2-master 폴더에 있는 스케치들은 아두이노 애플리케이
션을 종료했다가 다시 시작해야만 스케치북 메뉴에 표시된다. 따라서 지금 당장 아
두이노 애플리케이션을 다시 시작한다. 아두이노 애플리케이션을 다시 시작하고
스케치북 메뉴를 확인한 모습이 그림 2-10이다.

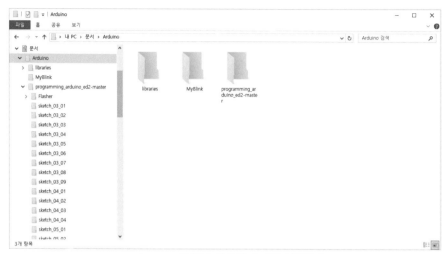

그림 2-9 | 이 책에 사용된 스케치 설치하기

그림 2-10 | 이 책에 사용된 스케치가 설치된 스케치북의 모습

정리

이제 필요한 환경을 모두 설정했다.

다음 장에서는 아두이노에서 사용되는 C 언어의 몇 가지 기본 원칙을 살펴보고 직접 코드도 작성해 볼 것이다.

3 / C 언어 기초

이 장에서는 아두이노를 프로그래밍할 때 사용되는 C 언어의 기초를 소개하고자 한다. 앞으로 아두이노 프로그래머로서 개발하게 될 모든 스케치에 적용될 내용들일 것이다. 아두이노를 제대로 활용하려면 이 기본적인 내용들을 충분히 이해해야 한다.

프로그래밍

요즘에는 두 가지 이상의 언어를 구사하는 사람들이 드물지 않다. 사실, 언어라는 것이 더 많이 배울수록 문법과 어휘의 공통 패턴을 깨닫게 되어 훨씬 더 쉽게 배우기도 한다. 프로그래밍 언어도 마찬가지다. 다른 프로그래밍 언어를 사용해 본 적이 있다면 C도 빠르게 익힐 수 있다.

다행스럽게도 프로그래밍 언어의 어휘는 사람들이 일상적으로 사용하는 언어의 어휘와 비교도 안 될 정도로 제한적이다. 게다가 프로그래밍 언어는 말로 하지 않고 작성하는 것이기 때문에 필요할 때 언제라도 찾아볼 수 있도록 사전을 가까운 곳에 두고 있어야 한다. 그리고 프로그래밍 언어의 문법과 구문은 매우 규칙적이므로 몇 가지 간단한 개념만 확실하게 파악하면 매우 빠르게 익힐 수 있다.

'프로그램'은 명령을 모아 놓은 목록이라고 생각할 수 있으며, 이 명령들은 작성된 순서대로 실행된다. 그리고 아두이노에서는 프로그램을 스케치라고 부른다. 예를 들어 다음 코드를 생각해 보자.

```
digitalWrite(13, HIGH);
delay(500);
digitalWrite(13, LOW);
```

물론 이 세 행의 코드는 어떤 일을 한다. 첫 번째 행에서는 13번 핀의 출력을 HIGH로 설정했다. 이 13번 핀은 아두이노 보드에 있는 LED와 연결되어 있으므로 이 명령이 실행될 때 LED가 켜진다. 두 번째 행에서는 500밀리초(0.5초) 동안 기다렸다. 세 번째 행에서 LED가 다시 꺼진다. 결과적으로 이 세 행의 코드로 LED를 한 번 깜빡이는 과정이 수행되었다.

단어들이 공백도 없이 서로 붙어 있고 구두점이 늘어선 모습에 적잖이 당황했을지도 모르겠다. 초보 프로그래머들의 흔한 좌절을 표현하자면 "무엇을 하고 싶은지는 알겠어요. 그런데 어떻게 작성해야 할지 모르겠어요."라는 식이다. 두려워하지 말지어다. 하나하나 설명이 이어질지니.

먼저 구두점과 단어의 구성 방식부터 살펴보자. 구두점과 단어의 구성 방식은 언어의 구문(syntax)을 형성하는 요소다. 언어들은 대개 구문을 매우 충실히 따르도록 요구하는데, 이때 가장 중요한 규칙 중 하나는 무언가의 이름은 반드시 한 단어이어야 한다는 것이다. 다시 말해 공백이 포함되면 안 된다. 따라서 **digitalWrite**도 무언가의 이름이다. 구체적으로는 아두이노 보드의 출력 핀을 설정하는 내장 함수의 이름이다. (함수에 대해서는 나중에 설명한다.) 이름에 공백이 없어야 한다는 점도 중요하지만 대소문자를 구별한다는 점도 명심해야 한다. 그러므로 **digitalWrite**라고 써야지 **DigitalWrite**나 **Digitalwrite**라고 쓰면 안 된다.

digitalWrite 함수를 사용하려면 설정할 핀 번호와 핀 상태(HIGH 또는 LOW)를 지정해야 하는데, 이 두 가지 정보를 **인수(argument)**라고 부른다. 인수는 함수가 **호출**될 때 함수에 **전달**된다. 이들은 전체를 괄호로 묶고, 괄호 안에서는 하나하나를 쉼표로 구분한다.

프로그래머들은 함수 이름의 마지막 글자 바로 뒤에서 괄호를 열고 인수를 늘어세우는데, 이때 각 인수 다음에 쉼표를 붙이고 공백 문자를 두곤 한다. 다만, 공백 문자는 몇 개를 두어도 상관없으며, 인수가 하나뿐일 때는 쉼표가 필요 없다.

각 행은 세미콜론(;)으로 끝나야 한다. 세미콜론은 한 명령의 끝을 의미한다. 다만, 명령의 끝은 문장의 끝이나 다름없으므로 세미콜론 대신 마침표(.)를 사용하는 것이 좀 더 이치에 맞는다고 할 수 있다.

다음 절에서는 아두이노 IDE(통합 개발 환경, Integrated Development Environment)에서 업로드 버튼을 클릭했을 때 어떤 일이 일어나는지 살펴보고 몇 가지 예도 실행해 볼 것이다.

프로그래밍 언어란?

프로그래밍 언어가 무엇인지에 대한 정확한 정의도 내리지 않았는데 벌써 3장이라는 사실에 조금은 당황스러울 것이다. 지금까지 아두이노 스케치가 무엇이고 스케치를 통해 무엇을 할 수 있는지에 대해 간단하게나마 살펴보았다. 이제 프로그래밍 언어 코드의 처리 과정, 즉 입력한 코드가 LED를 켜고 끄는 것과 같은 실질적인 결과로 나타날 때까지 어떤 과정을 거치는지 조금 더 자세히 살펴보기로 하자.

그림 3-1은 아두이노 IDE에 코드를 입력하는 단계부터 스케치를 실행하는 단계까지 전체 과정을 간략하게 나타낸 모습이다.

아두이노 IDE에서 업로드 버튼을 클릭하면 스케치가 아두이노 보드에 설치되어 실행되는 일련의 과정이 진행된다. 업로드 작업은 단순히 편집기에 입력된 텍스트를 아두이노 보드로 옮기는 것과 다르다.

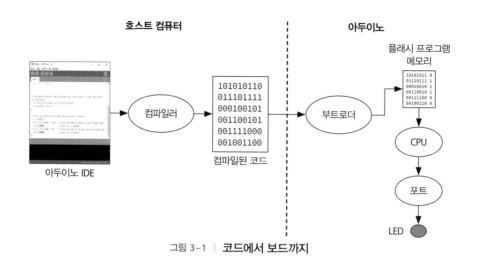

그림 3-1 | 코드에서 보드까지

첫 번째 단계에서는 **컴파일(compilation)**이라는 과정이 진행된다. 컴파일 단계에서는 사용자가 작성한 코드를 아두이노가 이해할 수 있는 바이너리 언어인 머신 코드로 변환한다. 아두이노 IDE에서 체크 표시 모양의 **확인** 버튼을 클릭하면, 작성된 C 코드에 대한 컴파일 작업이 진행된다. 이 과정에서 코드가 C 언어의 규칙에 맞게 작성되었는지를 확인도 받을 수 있다.

시험 삼아 아두이노 IDE에서 **Ciao Bella!**를 입력하고 **Play** 버튼을 클릭하면 그림 3-2와 비슷한 결과가 표시된다.

일단 아두이노는 입력된 "Ciao Bella"를 컴파일하려고 시도한다. 이탈리아 분위기가 물씬 풍기는 아두이노이지만 입력된 내용을 전혀 이해하지 못한다. 입력된 텍스트가 C가 아니기 때문이다. 그 결과 화면 아래쪽에 "Ciao does not name a type"라는 암호 같은 메시지가 표시된다. 어찌 됐든 작성된 코드에 잘못된 부분이 매우 많다는 뜻일 것이다.

그림 3-2 │ 이탈리아어를 할 줄 모르는 아두이노

한 가지 예를 더 들겠다. 이번에는 그림 3-3처럼 스케치에 아무 코드도 입력하지 않은 채 컴파일해 보자.

이번에는 컴파일러가 스케치에 **setup**이나 **loop** 함수가 없다고 알려 준다. 스케치에 코드를 추가하려면 지난 2장의 Blink 예처럼 이른바 **보일러판**(boilerplate)[1] 코드가 이미 있어야 한다. 아두이노 프로그래밍에서 '보일러판' 코드는 'setup' 함수와 'loop' 함수이며, 이들 두 함수는 모든 아두이노 스케치에 반드시 포함되어야 한다.

---

1 옮긴이 거의 수정하지 않고 다시 사용할 수 있는 코드를 가리켜 흔히 보일러플레이트 또는 보일러판 코드로 부릅니다.

그림 3-3 | **setup**이나 **loop**가 없는 스케치

함수에 대해서는 나중에 자세히 살펴볼 것이므로 지금은 보일러판 코드라는 것이
필요하다는 사실과 보일러판 코드 형식에 따라 스케치를 작성해야 스케치가 컴파
일된다는 사실 정도만 이해하면 된다(그림 3-4 참고).

아두이노 IDE는 작성된 코드를 검사하여 정상적인 코드임을 확인하면 "컴파일 완
료"라는 메시지를 표시하고 스케치 크기가 450바이트임을 알려 준다. 또한 스케치
의 최대 크기가 32,256바이트라는 것도 알려 주므로 지금보다 훨씬 더 큰 스케치를
만들 수도 있을 것이다.

이제 스케치를 작성할 때마다 사용하게 될 보일러판 코드에 대해 파헤쳐 보자. 이
코드에는 몇 가지 새로운 내용이 있다. **void**라는 용어와 중괄호가 대표적인데, 이
중에서 **void**부터 살펴보고자 한다.

첫 번째 행의 **void setup()**에서는 **setup**이라는 함수를 정의한다. 아두이노에서 일부 함수들, 가령 **digitalWrite**와 **delay** 등은 미리 정의되어 제공된다. 반면 미리 정의되지 않아 직접 정의해야 하는 함수도 있다. setup과 loop 함수는 모든 스케치에 사용자가 직접 정의해야 하는 대표적인 함수이다.

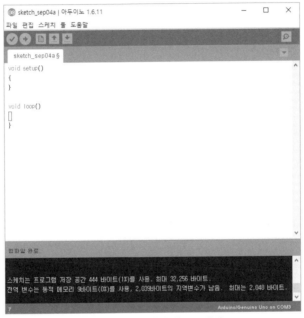

그림 3-4 | **컴파일되는 스케치**

앞에서는 digitalWrite 함수를 호출해서 사용했지만, 여기서는 어디를 봐도 setup이나 loop 함수를 호출하는 곳이 보이지 않는다. 아두이노 시스템에서 호출할 수 있도록 함수를 작성만 했을 뿐이다. 지금 이 말이 무슨 의미인지 그 개념을 이해하기가 상당히 어려울 수도 있다. 이렇게 생각해 보자. 법률 문서에서는 어떤 용어를 사용하기 전에 정의부터 내린다.

정의

저자: 글로 써서 책을 지어 낸 사람

'글로 써서 책을 지어 낸 사람'이라는 의미를 '저자'라는 한 단어로 표현했듯이 법률가들은 어떤 용어를 정의해서 사용함으로써 문서를 더 간결하고 읽기 쉽게 할 수 있다. 함수도 이런 정의와 매우 흡사하다. 함수를 정의해 두면 누구든지, 설령 시스템이라도 이 함수를 스케치 내 어디에서나 사용할 수 있다.

이번에는 **void**에 대해 살펴보자. **setup**과 **loop** 함수는 둘 다 어떤 값도 리턴하지 않는다. 이런 함수에는 그 이름 앞에 **void**라는 키워드를 붙여 리턴 값이 없다는 것을 나타내야 한다. 반면, **sin**이라는 함수는 삼각함수 중 하나인 사인(sine)의 결과 값을 리턴하는 함수이다. 이 함수를 호출하고 리턴받은 값은 인수로 넘겨준 각도의 사인 값이다.

법률 정의에서 단어를 사용하여 용어를 정의하듯 우리는 C에서 호출할 수 있는 함수를 C로 작성한다.

특별한 키워드인 **void** 다음에는 함수의 이름과 괄호가 차례대로 이어져야 하며, 괄호 안에는 인수가 포함될 수도 있다. 다만, 인수가 없어도 괄호는 반드시 붙여야 한다. 세미콜론은 붙이지 않는다. 지금은 함수를 호출하는 것이 아니라 함수를 정의하는 것이기 때문이다. 다시 말해 이 함수를 호출하면 어떤 작업이 수행되어야 하는지를 알려 줄 뿐이다.

함수가 호출되었을 때 수행해야 하는 작업은 중괄호()로 묶어야 한다. 중괄호와 그 안에 들어 있는 코드를 합쳐 **코드 블록**(block of code)이라고 하며, 이 개념에 대해서는 나중에 다시 살펴볼 것이다.

지금까지는 **setup** 함수와 **loop** 함수를 정의만 했지 실제 작업을 수행할 코드를 함수에 추가하지는 않았다. 지금부터 어떤 일을 할 수 있도록 코드를 추가해 보자.

다시 보는 Blink

아두이노에서는 스케치를 실행할 때 한 번만 수행하는 작업과 반복해서 수행하는 작업을 구별하기 위해 **setup** 함수와 **loop** 함수를 사용한다.

setup 함수는 스케치가 시작될 때 한 번만 실행된다. 이제 다음 코드를 **setup** 함수에 추가해 보자. 보드에 장착된 LED를 깜빡이는 코드다. 코드를 스케치에 입력하고 보드로 업로드까지 한다.

```
void setup()
{
    pinMode(13, OUTPUT);
    digitalWrite(13, HIGH);
}

void loop()
{
}
```

setup 함수에서는 내장 함수인 **pinMode**와 **digitalWrite**를 호출한다. **digitalWrite**는 앞에서 보았지만 **pinMode**는 처음일 것이다. **pinMode** 함수는 어떤 핀을 입력이나 출력으로 설정한다. 자, LED를 켜려면 두 가지 단계를 거쳐야 한다. 우선, 13번 핀을 출력으로 설정한다. 그리고 해당 출력을 HIGH(5V)로 설정해야 한다.

이 스케치를 실행하면 보드의 L이라는 LED가 켜지고 그대로 유지된다. 조금 밋밋하므로 이번에는 **setup** 함수 대신 **loop** 함수에서 LED를 켰다 끄는 방식으로 LED를 계속 깜빡이게 해 보자.

pinMode 호출은 한 번만 수행하면 되기 때문에 **setup** 함수에 그대로 두는 것이 좋다. 굳이 **pinMode** 호출을 **loop** 함수로 옮기겠다면 그래도 된다. 하지만 그럴 이유가 없다. 한 번만 실행해야 하는 코드라면 그렇게 하는 것이 좋은 프로그래밍 습관이기 때문이다. 이제 다음과 같이 스케치를 수정해 보자.

```
void setup()
{
    pinMode(13, OUTPUT);
}

void loop()
{
    digitalWrite(13, HIGH);
    delay(500);
    digitalWrite(13, LOW);
}
```

이 스케치를 실행하고 어떤 일이 일어나는지 살펴보자. 그런데 웬일인지 예상과 달리 LED가 계속 켜져 있다. 어떻게 된 일일까? 스케치의 코드를 한 행씩 파헤쳐 보자.

1. **setup** 함수가 실행되고 13번 핀이 출력으로 설정된다.

2. **loop** 함수가 실행되고 13번 핀이 HIGH로 설정된다(LED가 켜짐).

3. 0.5초 동안 기다린다.

4. 13번 핀이 LOW로 설정된다(LED가 꺼짐).

5. 2단계로 돌아가 **loop** 함수가 또 실행되고 13번 핀이 HIGH로 설정된다(LED가 켜짐).

문제는 4단계와 5단계 사이다. 4단계에서 LED가 꺼지기는 하지만 지연 시간 없이 5단계로 이어지면서 LED가 곧바로 다시 켜지는 것이다. 이 과정이 너무 빠르게 진행되기 때문에 LED가 항상 켜져 있는 것처럼 보인다.

아두이노 보드의 마이크로컨트롤러 칩은 1초에 1,600만 개의 명령을 수행할 수 있다. 이 말이 1,600만 개의 C 언어 명령을 처리한다는 뜻은 아니지만 빠르다는 것은 분명하다. 따지고 보면 아두이노의 LED는 수백만 분의 1초 동안 꺼져 있던 셈이다.

이 문제를 해결하려면 LED를 끄고 잠시 기다리도록 해야 한다. 다음과 같이 스케치를 수정해 보자.

```
// sketch 3-01
void setup()
{
    pinMode(13, OUTPUT);
}

void loop()
{
    digitalWrite(13, HIGH);
    delay(500);
    digitalWrite(13, LOW);
    delay(500);
}
```

스케치를 다시 업로드하면 LED가 1초에 한 번씩 깜박이는 모습을 확인할 수 있다.

이 스케치의 첫 번째 행은 'sketch 3-01'이라는 주석이다. 이 책의 웹사이트에서 스케치를 다운로드하면 입력하는 수고를 덜 수 있을 것이다. 스케치마다 첫 행은 이런 주석이므로 원하는 스케치를 쉽게 찾을 수 있을 것이다. 스케치를 다운로드할 곳은 http://www.arduinobook.com/이다.

변수

Blink 스케치에서는 13번 핀을 모두 세 곳에서 사용했다. 그런데 13번이 아닌 다른 핀을 사용하려면 13번 핀이 등장하는 세 곳을 일일이 고쳐야 한다. 이와 마찬가지로 delay의 인수에 따라 제어되는 점멸 간격을 변경할 때도 두 곳에서 500이 아닌 다른 값으로 일일이 변경해야 한다.

변수란 어떤 숫자에 이름을 붙인 것이라고 생각할 수 있다. 실제로는 이보다 더 큰 의미가 변수에 담겨 있지만 지금은 이런 목적만 이해하기로 하자.

C에서 변수를 정의하려면 그 타입(유형)을 지정해야 한다. 여기서는 정수가 필요하며, C에 지원되는 정수 타입은 **int**다. 따라서 **ledPin**이라는 변수를 정의하고 13이라는 값을 지정하려면 코드를 다음처럼 작성한다.

```
int ledPin = 13;
```

ledPin도 이름이라서 함수 이름에 적용되는 규칙을 그대로 적용받는다. 따라서 이름에 공백이 있어서는 안 된다. 그리고 소문자로 시작해야 하며 이어지는 단어마다 첫 글자는 대문자로 시작해야 한다. 이를 가리켜 흔히 '범피 케이스(bumpy case)' 또는 '캐멀 케이스(camel case)'라고 부른다.

이제 Blink 스케치에 '변수'를 적용해 보자.

```
// sketch 3-02
int ledPin = 13;
int delayPeriod = 500;

void setup()
{
    pinMode(ledPin, OUTPUT);
}

void loop()
{
    digitalWrite(ledPin, HIGH);
    delay(delayPeriod);
    digitalWrite(ledPin, LOW);
    delay(delayPeriod);
}
```

스케치에는 **delayPeriod**라는 변수도 보인다.

이제부터는 13이라는 핀 번호가 필요할 때마다 **ledPin**을, 500이라는 지연 시간 자리에는 **delayPeriod**를 사용한다.

이제부터는 LED를 더 빨리 깜빡이게 하려면 스케치 시작 부분에 있는 **delayPeriod**의 값을 한 번만 변경해도 된다. 시험 삼아 이 값을 100으로 변경하고서 스케치를 다시 실행해 보자.

변수를 활용하여 여러 가지 재미있는 효과를 낼 수도 있다. LED가 처음에는 매우 빠르게 깜빡이다 시간이 지나면서 아두이노가 지쳐 가는 것처럼 조금씩 느리게 깜빡이도록 스케치를 수정해 보자. LED가 깜빡일 때마다 **delayPeriod** 변수에 어떤 변화를 적용하면 가능할 것 같다.

다음과 같이 **loop** 함수의 끝에 코드 한 줄을 추가하고 아두이노 보드로 스케치를 업로드한다. 리셋 버튼을 누르면 LED가 처음에는 아주 빠른 속도로 깜빡일 것이다.

```
// sketch 3-03
int ledPin = 13;
int delayPeriod = 100;

void setup()
{
    pinMode(ledPin, OUTPUT);
}

void loop()
{
    digitalWrite(ledPin, HIGH);
    delay(delayPeriod);
    digitalWrite(ledPin, LOW);
    delay(delayPeriod);
    delayPeriod = delayPeriod + 100;
}
```

지금 아두이노 보드는 계산을 수행하느라 바쁘다. **loop** 함수가 호출될 때마다 LED가 한 번 깜빡이고는 **delayPeriod** 변수가 100씩 증가한다. 산술 연산에 대해서는 곧 자세히 살펴볼 것이다. 일단, 깜박이는 LED보다 더 효과적으로 아두이노의 작업 결과를 확인할 수 있는 방법부터 알아보자.

C 코드 테스트하기

C로 작성한 스케치를 테스트할 수 있는 방법이 필요하다. 우선 첫 번째 방법의 과정은 이렇다. 테스트하려는 C 코드를 **setup** 함수 안에 넣고 아두이노 보드로 업로드한다. 아두이노가 이 스케치를 실행한 결과가 시리얼 모니터(Serial Monitor)에 출력된다(그림 3-5와 3-6).

그림 3-5 │ **setup**에 C 코드 작성하기

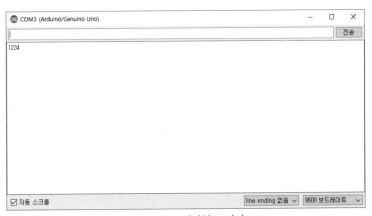

그림 3-6 | **시리얼 모니터**

시리얼 모니터는 아두이노 IDE의 일부로, 도구 모음에서 가장 오른쪽 끝에 있는 아이콘을 클릭하여 실행할 수 있으며, 컴퓨터와 아두이노 보드 간의 통신 채널 역할을 맡고 있다. 시리얼 모니터 상단의 텍스트 입력 영역에 메시지를 입력하고 전송 버튼을 클릭하거나 키보드에서 엔터를 누르면 이 메시지가 아두이노로 전송된다. 그리고 아두이노 보드에서 보내는 메시지도 이 시리얼 모니터에 표시된다. 두 경우 모두 USB 연결을 통해 정보가 전송된다.

예상했는지 모르겠지만 시리얼 모니터에 메시지를 출력할 수 있는 내장 함수도 마련돼 있다. 바로 **Serial.println**이라는 함수이며, 출력할 메시지에 해당하는 변수를 인수로 받는다.

C 코드로 작성한 여러 변수와 산술 연산은 이 방법을 통해 효과적으로 테스트할 수 있다. 솔직히 말하면 이 방법으로만 아두이노에서 C로 작성된 코드의 결과를 확인할 수 있기도 하다.

숫자 변수와 산술 연산

다음은 깜빡이는 간격을 조금씩 늘리는 코드였다.

```
delayPeriod = delayPeriod + 100;
```

이 코드를 자세히 들여다보자. 맨 앞에 변수 이름이 있고, 그 뒤에 등호 기호와 수식(**delayPeriod + 100**)이 이어진다. 이름이 대입(지정) 연산자인 등호 기호는 말 그대로 대입(지정) 작업을 수행한다. 다시 말해 이 연산자는 변수에 새 값을 대입한다. 그리고 대입되는 값은 등호 기호와 세미콜론 사이에 있는 코드의 내용에 따라 결정된다. 여기서 **delayPeriod** 변수에는 기존 **delayPeriod**에 100을 더한 값이 대입된다.

이제 다음 스케치를 입력하고 실행한 후, 시리얼 모니터를 열어 아두이노가 어떤 일을 하는지 결과를 확인해 보자.

```
// sketch 3-04
void setup()
{
    Serial.begin(9600);
    int a = 2;
    int b = 2;
    int c = a + b;
    Serial.println(c);
}
void loop()
{}
```

그림 3-7은 코드가 실행되고 결과가 출력된 시리얼 모니터의 모습이다.

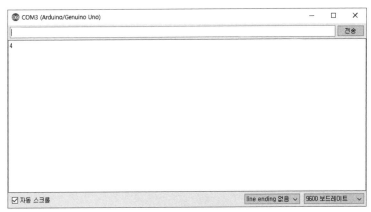

그림 3-7 | **단순 연산**

이번 예는 살짝 복잡해졌다. 섭씨온도에 9를 곱하고 5로 나눈 후 32를 더하면 화씨온도가 된다. 다음은 이 공식을 활용하여 섭씨온도를 화씨온도로 변환하는 스케치다.

```
// sketch 3-05
void setup()
{
    Serial.begin(9600);
    int degC = 20;
    int degF;
    degF = degC * 9 / 5 + 32;
    Serial.println(degF);
}
void loop()
{}
```

몇 가지 눈에 띄는 곳이 있다. 먼저 다음은 무슨 일을 하는 코드일까?

```
int degC = 20;
```

코드는 한 줄이지만 실제로 수행하는 작업은 두 가지다. **degC**라는 **int** 변수를 선언했고, 이 변수의 초깃값을 20으로 지정했다. 이 두 가지 작업은 다음처럼 두 줄로 나눠 표현할 수도 있다.

```
int degC;
degC = 20;
```

어떤 변수든 선언은 한 번뿐이다. 선언은 컴파일러에 변수의 타입을 알려 주기 위한 과정이기 때문이다. 여기서는 **int**라는 타입을 알려 주었다. 하지만 변수에 값을 대입하는 일은 횟수에 제한 없이 얼마든지 할 수 있다.

```
int degC;
degC = 20;
degC = 30;
```

자, 섭씨를 화씨로 변환하는 예에서는 **degC** 변수를 정의하고 20이라는 초깃값을 지정했지만, **degF** 변수는 정의만 하고 초깃값을 지정하지 않았다. 그리고 **degF** 변수의 값은 그 아래 행에서 변환 공식에 따라 지정되었다. 마지막으로, 사용자가 볼 수 있도록 시리얼 모니터로 결과가 전송되었다.

여기에 사용된 수식을 보자. 애스터리스크(*)는 곱하기이고, 슬래시(/)는 나누기이다. 그리고 +, -, *, / 등의 산술 연산자에는 우선순위가 있다. 곱하기의 우선순위가 가장 높고, 그 뒤를 이어 나누기, 더하기, 빼기의 순으로 우선순위가 낮아진다. 우선순위는 일반적인 산술 연산을 따른 것이지만 수식 내에서 괄호를 사용하여 우선순위를 명확히 표현해야 할 때도 있다. 가령, 앞의 수식을 다음처럼 작성하면 우선순위를 조금 더 명확하게 표현할 수 있다.

```
degF = ((degC * 9) / 5) + 32;
```

수식은 필요에 따라 얼마든지 길고 복잡하게 작성할 수 있다. 그리고 아두이노는 자주 사용되는 산술 연산자 외에도 여러 가지 연산자를 비롯하여 복잡한 수학 연산에 도움이 되는 각종 수학 함수도 지원한다. 이에 관해서는 다시 자세하게 살펴볼 것이다.

명령

C 언어에는 수많은 내장 명령이 있다. 지금부터 일부이긴 하지만 명령들에 대해 알아보고 스케치에서 어떻게 사용하는지도 살펴볼 것이다.

if

지금까지 살펴본 스케치에서는 프로그래밍 코드가 예외 없이 한 줄씩 차근차근 실행되는 것으로 가정했었다. 하지만 다른 순서로 실행되도록 하려면 어떻게 해야 할까? 어떤 조건이 만족되면 스케치의 일부분만 실행되도록 하려면 어떻게 해야 할까?

LED가 점점 느리게 깜빡이는 스케치로 돌아가 보자. 지금은 느려지는 데 아무런 제한이 없다. 시간이 지날수록 더 느려질 뿐이다. 하지만 기준을 정해서 그때까지 느려지다 다시 처음의 빠르기로 전환되도록 변경하려면 어떻게 해야 할까?

이를 구현하려면 **if** 명령이 필요하다. 목적에 맞게 수정한 스케치는 다음과 같다.

```
// sketch 3-06
int ledPin = 13;
int delayPeriod = 100;

void setup()
{
    pinMode(ledPin, OUTPUT);
}

void loop()
{
    digitalWrite(ledPin, HIGH);
    delay(delayPeriod);
    digitalWrite(ledPin, LOW);
    delay(delayPeriod);
    delayPeriod = delayPeriod + 100;
    if (delayPeriod > 3000)
    {
        delayPeriod = 100;
    }
}
```

if 명령은 마치 함수 정의처럼 보이지만 그저 겉모습이 그럴 뿐이다. 괄호 안의 단어는 인수가 아니라 **조건**(condition)이라고 부른다. 여기서는 **delayPeriod** 변수의 값이 3,000보다 큰지가 조건이다. 조건이 참이 되면 중괄호 안의 코드가 실행된다. 여기서는 **delayPeriod**의 값이 다시 100으로 지정된다.

조건이 거짓이면 순서상 다음 작업이 진행된다. 여기서는 'if' 다음에 아무 것도 없기 때문에 **loop** 함수가 실행된다.

일어나는 일련의 일들을 차근차근 생각해 보면 스케치의 진행 과정을 한결 쉽게 이해할 수 있다. 이 스케치에서 일어나는 일들을 순서대로 나열하면 다음과 같다.

1. 아두이노는 **setup** 함수를 실행하고 LED 핀을 출력으로 초기화한다.
2. 아두이노는 **loop** 함수를 실행한다.

3. LED가 켜진다.

4. 지연 시간 동안 그대로 유지된다.

5. LED가 꺼진다.

6. 지연 시간 동안 그대로 유지된다.

7. **delayPeriod**에 100을 더한다.

8. 지연 시간이 3,000보다 크면 **delayPeriod**의 값이 다시 100으로 지정된다.

9. 2단계로 돌아간다.

여기서 우리는 '보다 크다'라는 의미의 > 기호를 사용했다. 이를 가리켜 비교 연산자로 부른다. 다음 표는 자주 사용하는 비교 연산자를 정리한 것이다.

연산자	의미	예	결과
<	보다 작다	9 < 10, 10 < 10	참, 거짓
>	보다 크다	10 > 10, 10 > 9	거짓, 참
<=	작거나 같다	9 <= 10, 10 <= 10	참, 참
>=	크거나 같다	10 >= 10, 10 >= 9	참, 참
==	같다	9 == 9	참
!=	같지 않다	9 != 9	거짓

두 숫자를 비교할 때는 == 명령을 사용한다. 이중 등호(==)는 변수에 값을 지정할 때 사용하는 등호(=) 기호와 혼동하기 쉬우니 조심해야 한다.

그리고 조건이 참이면 어떤 작업을 수행하고 거짓이면 다른 작업을 수행하는 다른 형태의 **if**도 있다. 이 구조는 나중에 다른 예를 통해 다룰 것이다.

for

상황에 따라 다른 명령을 실행할 때도 있지만, 일련의 명령을 여러 번 반복해야 할 때도 있다. 앞에서도 **loop** 함수를 사용하여 그런 반복 작업을 수행했다. **loop** 함수의 명령들은 실행이 끝나면 자동으로 다시 실행되었다. 하지만 이보다 더 많은 제어권이 필요할 때도 있다.

가령, LED를 20회 깜빡이고 3초 동안 멈췄다가 다시 깜빡이기 시작하는 스케치를 생각해 볼 수 있다. 다음처럼 **loop** 함수 안에 같은 코드를 20회 반복, 입력하면 될 것이다.

```
// sketch 3-07
int ledPin = 13;
int delayPeriod = 100;

void setup()
{
    pinMode(ledPin, OUTPUT);
}

void loop()
{
    digitalWrite(ledPin, HIGH);
    delay(delayPeriod);
    digitalWrite(ledPin, LOW);
    delay(delayPeriod);

    digitalWrite(ledPin, HIGH);
    delay(delayPeriod);
    digitalWrite(ledPin, LOW);
    delay(delayPeriod);

    digitalWrite(ledPin, HIGH);
    delay(delayPeriod);
    digitalWrite(ledPin, LOW);
    delay(delayPeriod);
// 아직도 17번을 더 반복해야 한다.

    delay(3000);
}
```

이런 식으로 작성해도 되겠지만 너무 비효율적이다. 훨씬 더 효율적인 방법은 없을까? 우선, **for** 루프를 코드에 적용해 보고, 뒤이어 카운터와 **if**문을 사용하는 방법도 살펴보기로 하자.

다음은 **for**루프를 적용한 코드다. 이전 코드보다 무척 짧아져 관리하기가 한결 쉬워졌다.

```
// sketch 3-08
int ledPin = 13;
int delayPeriod = 100;

void setup()
{
    pinMode(ledPin, OUTPUT);
}

void loop()
{
    for (int i = 0; i < 20; i ++)
    {
        digitalWrite(ledPin, HIGH);
        delay(delayPeriod);
        digitalWrite(ledPin, LOW);
        delay(delayPeriod);
    }
    delay(3000);
}
```

언뜻 보면 for 루프는 세 개의 인수를 쉼표가 아닌 세미콜론으로 구분한 함수인 것 같다. 세미콜론을 사용한 것은 C 언어만의 특징이며, 이를 어기면 컴파일 자체가 수행되지 않는다.

for 다음의 괄호 안에서 가장 먼저 하는 일은 변수의 선언이다. 즉, 카운터로 사용할 변수를 지정하고 초깃값을 지정한다. 여기서는 0이다.

두 번째 부분에서는 **for** 루프가 계속 실행되기 위한 조건을 지정한다. 여기서는 i가 20보다 작으면 **for** 루프가 계속 실행된다. 즉, i가 20 이상이 되면 **for** 루프가 종료된다.

마지막 부분에서는 **for** 루프의 모든 작업을 끝냈을 때마다 해야 할 작업을 지정한다. 여기서는 i의 값을 1씩 증가시킨다. 그래야 **for** 루프가 20번 수행되고 i의 값이 20이 되면서 **for** 루프에서 빠져나오게 된다.

이제 코드를 입력하고 실행해 보자. 구문이나 번거로운 구두점에 익숙해지는 유일한 방법은 직접 입력해 보는 것뿐이다. 잘못된 곳이 있다면 컴파일되지 않고 오류 메시지가 표시되니 이에 따라 문제를 해결할 수 있다. 직접 부딪히는 것 말고 더 좋은 방법이 있을까?

이 접근의 한 가지 단점은 **loop** 함수가 너무 오랫동안 실행된다는 사실이다. 다만, 여기서는 LED를 깜빡이는 작업만 수행하기 때문에 별다른 문제는 없다. 일반적으로는 눌려진 키가 있는지 또는 시리얼 통신이 수신되었는지 등의 여러 가지 다른 작업들도 **loop** 함수에서 수행하기 때문에 **for** 루프의 실행 시간이 길어지면 다른 작업들을 효율적으로 수행하기가 어려워진다. 따라서 **loop** 함수는 최대한 빨리 자주 실행될 수 있도록 만드는 것이 좋다.

새로 정리한 코드는 다음과 같다.

```
// sketch 3-09
int ledPin = 13;
int delayPeriod = 100;
int count = 0;
void setup()
{
    pinMode(ledPin, OUTPUT);
}

void loop()
{
```

```
    digitalWrite(ledPin, HIGH);
    delay(delayPeriod);
    digitalWrite(ledPin, LOW);
    delay(delayPeriod);
    count ++;
    if (count == 20)
    {
        count = 0;
        delay(3000);
    }
}
```

눈에 띈 곳이 있을 것이다. 바로 다음 코드다.

```
count ++;
```

이는 다음 코드를 간략하게 줄인 표현이다. 물론 하는 일은 같다.

```
count = count + 1;
```

loop 함수가 실행될 때마다 대략 200밀리초의 시간이 걸리며, 20번을 반복할 때마다 3초를 기다린다. 경우에 따라서는 처리 시간을 줄이려고 **delay** 함수를 사용하지 않을 때도 있다. 여러 가지 상황이 있을 수 있으므로 애플리케이션의 특성을 고려하여 가장 적합한 방법을 선택해야 한다.

while

C에서는 **for** 자리에 **while** 명령을 사용할 수도 있다. 앞의 스케치에서 **for** 대신 **while** 명령을 적용한 코드는 다음과 같다. 물론 어느 코드나 실행 결과는 같다.

```
int i = 0;
while (i < 20)
{
    digitalWrite(ledPin, HIGH);
    delay(delayPeriod);
    digitalWrite(ledPin, LOW);
    delay(delayPeriod);
    i ++;
}
```

while 다음에 있는 괄호 안의 수식이 참이면 중괄호 안의 코드가 실행되며, 참이
아니면 닫는 중괄호 이후에 이어질 코드가 실행된다.

상수

스케치가 실행되는 동안 핀 번호처럼 변경될 일이 없는 일정한 값에는 **const**라는
키워드를 적용할 수 있다. 즉, **const** 키워드가 적용된 변수는 앞으로 변경되지 않
고 일정한 값을 유지하는 상수라는 의미가 된다.

가령, LED 핀은 다음처럼 상수로 정의할 수 있다.

```
const int ledPin = 13;
```

어떤 스케치도 **const** 키워드 없이 작성할 수 있다. 다만, 그럴 경우 프로그램의 크
기가 조금 더 커지기는 한다. 스케치가 작을 때는 크기 문제에 별다른 영향을 받지
않지만, 커지면 양상이 달라질 수 있다. 어찌 됐든, 프로그램에서 변하지 않을 값이
라면 상수로 지정하는 습관을 들이는 것이 여러모로 좋다.

정리

이 장에서는 C의 기초적인 부분을 살펴보았다. 여러 가지 흥미로운 방법으로 LED를 깜빡이게 했고, **Serial.println** 함수를 사용하여 USB 연결을 통해 아두이노 보드에서 보낸 결과를 시리얼 모니터로 확인했다. 그리고 **if** 명령과 **for** 명령을 사용하여 명령의 실행 순서를 제어했으며, 아두이노를 활용하여 산술 연산을 수행하기도 했다.

다음 장에서는 함수에 대해 좀 더 자세히 살펴보고, 이번 장에서 다뤘던 **int** 유형 이외의 여러 변수 타입에 대해서도 언급할 것이다.

4 함수

이 장에서는 **digitalWrite**나 **delay**처럼 이미 정의되어 제공되는 내장 함수 외에 사용자가 직접 작성할 수 있는 함수에 초점을 맞출 것이다.

사용자에게 직접 함수를 작성할 수 있는 능력이 필요한 이유는 명확하다. 처음에는 스케치가 단순하지만 개발 작업이 진행될수록 **setup** 함수와 **loop** 함수가 점점 더 길고 복잡해지기 마련이며, 나중에는 전체 스케치의 작동 과정을 파악하기가 어려워질 정도가 되기도 한다.

모든 소프트웨어 개발 과정에서 발생하는 가장 큰 문제는 복잡도 관리이다. 뛰어난 프로그래머는 설명이 거의 필요 없을 정도로 쉽게 이해할 수 있는 소프트웨어를 작성한다.

스케치 전체가 이리저리 꼬일 것을 걱정할 필요 없이 쉽게 변경할 수 있는 스케치를 작성하기 위해 필요한 핵심 도구가 바로 함수이다.

함수란 무엇일까?

함수는 프로그램 안에 있는 작은 프로그램이라고 할 수 있다. 수행하려는 작은 작업을 하나의 함수로 구현할 수 있으며, 사용자가 정의해 놓은 함수는 스케치 내 어디에서나 호출할 수 있다. 그리고 이런 함수에는 자신만의 변수와 명령 리스트가 들어 있다. 그리고 함수의 명령들이 모두 실행된 후에는 함수를 호출했던 위치 이후의 코드부터 다시 실행된다.

지금까지 자주 살펴보았던 깜빡이는 LED 코드는 함수로 만들기에 매우 적합하다고 할 수 있다. 이제 다음과 같이 3장에서 사용했던 '20번 깜빡이기' 스케치를 수정해서 **flash**라는 함수를 작성하고 직접 사용해 보자.

```
// sketch 4-01
const int ledPin = 13;
const int delayPeriod = 250;

void setup()
{
    pinMode(ledPin, OUTPUT);
}

void loop()
{
    for (int i = 0; i < 20; i ++)
    {
        flash();
    }
    delay(3000);
}

void flash()
{
    digitalWrite(ledPin, HIGH);
    delay(delayPeriod);
    digitalWrite(ledPin, LOW);
    delay(delayPeriod);
}
```

자, 여기서 수정한 것이라고는 LED의 깜빡이는 기능을 구현한 4줄의 코드를 **for** 루프 중간에서 우리의 **flash** 함수 안으로 옮겨 놓은 것뿐이다. 이제부터는 스케치 내 어디에서나 **flash()**라고 입력하여 새 함수를 호출하기만 하면 LED의 깜빡이는 기능을 사용할 수 있다. 이 함수의 이름 뒤에는 빈 괄호가 있다. 이는 함수에서 파라미터를 사용하지 않는다는 의미다. 그리고 이 함수에서 사용하는 지연 시간 값은 앞에서 사용했던 것과 같은 **delayPeriod** 함수를 통해 지정된다.

파라미터

스케치를 여러 개의 함수로 나눌 때 어떤 서비스를 함수로 제공할지 생각하는 것이 좋다. **flash** 함수는 제공할 서비스가 분명하다. 이번에는 이 함수에서 깜빡이는 횟수와 간격을 파라미터로 지정할 수 있도록 스케치를 수정해 보자. 우선 다음 코드를 찬찬히 읽어 보고 파라미터가 어떻게 적용되는지 자세히 살펴볼 것이다.

```
// sketch 4-02
const int ledPin = 13;
const int delayPeriod = 250;

void setup()
{
    pinMode(ledPin, OUTPUT);
}

void loop()
{
    flash(20, delayPeriod);
    delay(3000);
}

void flash(int numFlashes, int d)
{
    for (int i = 0; i < numFlashes; i ++)
    {
```

```
        digitalWrite(ledPin, HIGH);
        delay(d);
        digitalWrite(ledPin, LOW);
        delay(d);
    }
}
```

loop 함수에서 많은 부분을 **flash** 함수로 옮기고 두 줄의 코드만 남겼다. 그리고 **flash** 함수를 호출할 때 두 개의 인수를 괄호 안에 지정했다.

스케치에서 함수를 정의할 때 괄호 안에 변수의 타입을 선언해야 한다. 여기서는 둘 다 int인데, 실제로는 새 변수를 정의한 것이나 다름없다. 정의된 **numFlashes** 와 **d** 변수는 **flash** 함수 안에서만 사용할 수 있다.

이 함수는 LED를 깜빡이는 데 필요한 모든 것을 담고 있기 때문에 좋은 함수라고 할 수 있다. 함수 밖에서 알고 있어야 하는 유일한 정보는 LED를 연결할 핀 번호 뿐이다. 원한다면 이 핀 번호도 파라미터로 지정할 수 있다. 아두이노 보드에 여러 LED를 연결해야 한다면 고려할 만한 방법이다.

전역 변수, 지역 변수, 정적 변수

앞에서 언급한 대로 함수의 파라미터는 해당 함수 안에서만 사용해야 한다. 따라서 다음과 같이 코드를 작성하면 오류가 발생한다.

```
void indicate(int x)
{
    flash(x, 10);
}
x = 15;
```

한편, 이런 식으로도 코드를 작성했다고 하자.

```
int x = 15;
void indicate(int x)
{
    flash(x, 10);
}
```

이 코드가 컴파일 오류를 일으키지는 않는다. 하지만 한 가지 조심할 점이 있다. 엄밀히 말해 이 코드에는 x라는 변수가 두 개 있으며, 이 두 변수가 가지는 값은 서로 다르다. 첫 행에서 선언한 x 변수를 가리켜 **전역 변수(global variable)**라고 부른다. **전역**이라고 표현한 데는 이유가 있다. 프로그램 어디에서든지 사용할 수 있어서다. 물론 함수 안에서도 사용할 수 있다.

하지만 **x**라는 같은 이름의 변수를 파라미터로 사용하는 이 함수 안에서는 전역 변수로 이미 선언된 **x**를 사용할 수 없다. 이유는 딱 한 가지이다. **x**의 '동네' 버전이 우선권을 가지기 때문이다. 즉, **전역** 변수 **x**는 파라미터 **x** 뒤에 가려 앞으로 나올 일이 없다. 이런 식으로 변수를 사용하면 프로젝트를 디버깅할 때 혼동이 발생하기 쉬우므로 아예 하지 않는 것이 좋다.

함수 안에서만 사용할 목적으로 파라미터가 아닌 변수를 정의할 수도 있다. 이러한 변수를 **지역 변수**라고 부른다. 예를 들면 다음과 같다.

```
void indicate(int x)
{
    int timesToFlash = x * 2;
    flash(timesToFlash, 10);
}
```

지역 변수인 **timesToFlash**는 이 함수가 실행 중인 동안에만 존재한다. 함수의 마지막 명령이 종료되는 순간 이 변수도 사라진다. 다시 말해, 지역 변수는 자신을 정의한 함수에서만 접근할 수 있을 뿐 프로그램의 다른 곳에서는 접근할 수 없다.

따라서 예로 든 다음 코드는 오류를 일으킨다.

```
void indicate(int x)
{
    int timesToFlash = x * 2;
    flash(timesToFlash, 10);
}
timesToFlash = 15;
```

노련한 프로그래머들은 전역 변수를 보면 의심의 눈초리를 거두지 않는다. 왜냐하면 전역 변수가 캡슐화의 원칙과 부합하지 않기 때문이다. **캡슐화**는 특정 기능과 관련된 모든 것을 하나의 패키지로 묶는 것을 의미한다. 이런 의미에서 함수는 캡슐화의 대표적인 예인 셈이다. '전역 변수'와 관련해서 가장 큰 문제점은 일반적으로 스케치 앞부분에서 정의된 이후 스케치 어디에서나 사용될 수 있다는 것이다. 경우에 따라서는 전역 변수가 매우 효과적이기도 하지만 파라미터를 전달하는 것이 훨씬 더 적절한 상황임에도 귀찮은 마음에 전역 변수를 사용하는 사람도 적지 않다. 지금까지 예로 든 코드에서 **ledPin**은 전역 변수의 좋은 예이다. 스케치 맨 위에 있기 때문에 쉽게 찾을 수도 있고 변경하기도 쉽기 때문이다.

지역 변수는 자신을 정의한 함수가 실행될 때마다 그 값이 초기화되는 특징도 보인다. 멀리 볼 필요도 없이 아두이노 스케치의 **loop** 함수만 봐도 그 특징을 알 수 있다(그리고 불편한 특징이기도 하다). 3장에서 예로 들었던 다음 코드에서 전역 변수를 지역 변수로 바꿔 실행해 보자.

```
// sketch 4-03
const int ledPin = 13;
const int delayPeriod = 250;
void setup()
{
    pinMode(ledPin, OUTPUT);
}

void loop()
{
    int count = 0;
    digitalWrite(ledPin, HIGH);
    delay(delayPeriod);
    digitalWrite(ledPin, LOW);
    delay(delayPeriod);
    count ++;
    if (count == 20)
    {
        count = 0;
        delay(3000);
    }
}
```

스케치 3-09가 기반인 스케치 04-03에서는 깜빡이는 횟수를 전역 변수 대신 지역 변수로 계산하려고 한다.

하지만 이 스케치에는 문제가 있다. 올바로 동작하지 않는다. **loop** 함수가 실행될 때마다 **count** 변수의 값이 다시 0으로 바뀐다. 따라서 **count** 변수는 20이 될 수가 없고, 결과적으로 LED는 지연 시간 없이 계속해서 깜빡이게 된다. 스케치 3-09에서 **count** 변수를 전역 변수로 만든 이유는 그 값이 변경되지 않도록 하기 위해서였다. 그런데 **count** 변수는 **loop** 함수에서만 사용하기 때문에 거기에만 있는 것이 더 좋다.

다행스럽게도 이 까다로운 문제를 해결하기 위해 C 언어에서는 **static**이라는 키워드를 제공하고 있다. 변수 앞에 **static** 키워드를 붙여 선언하면 함수가 처음 실행될 때 한 번만 초기화된다. 딱이다. 바로 이런 상황에 필요한 키워드이다. 이제 함수가 실행될 때마다 지역 변수가 0으로 되돌아가지 않는다. 스케치 4-04의 동작 과정을 잘 살펴보기 바란다.

```
// sketch 4-04
const int ledPin = 13;
const int delayPeriod = 250;
void setup()
{
    pinMode(ledPin, OUTPUT);
}

void loop()
{
    static int count = 0;
    digitalWrite(ledPin, HIGH);
    delay(delayPeriod);
    digitalWrite(ledPin, LOW);
    delay(delayPeriod);
    count ++;
    if (count == 20)
    {
        count = 0;
        delay(3000);
    }
}
```

리턴 값

학문의 한 분야로서 컴퓨터 과학은 수학과 공학이 부모라 할 수 있다. 이는 여러 프로그래밍 용어에 여실히 드러난다. 우선, **함수**라는 말 자체가 수학 용어이다. 수학에서는 함수의 입력(인수)이 출력을 완벽하게 결정한다. 지금까지는 입력만 받고 값을 돌려주지는 않는 함수만을 작성했다. 이런 함수를 'void(빈)' 함수라고 한다.

반면, 돌려주는(리턴하는) 값이 있을 때는 그 종류도 지정해야 한다[2].

다음은 섭씨온도를 받아 같은 크기의 화씨온도를 리턴하는 함수이다.

```
int centToFaren(int c)
{
    int f = c * 9 / 5 + 32;
    return f;
}
```

이번에는 함수 정의가 **void** 대신 **int**로 시작했다. 자신을 호출한 주체에 **int** 타입의 값을 리턴하겠다는 의미이다. 실제로 호출할 때는 다음과 같이 한다.

```
int pleasantTemp = centToFaren(20);
```

void로 시작하지 않는 함수에는 예외 없이 **return**문이 있어야 한다. **return**문이 없으면 코드가 컴파일될 때 없다는 메시지가 표시된다. **return**문은 두 개 이상 사용될 수도 있다. 주로 어떤 조건에 따라 다른 작업을 수행할 목적으로 if 문을 사용할 때 **return**문이 여럿일 수 있다. 이런 방식을 좋아하지 않는 프로그래머들도 있지만 함수가 작다면(함수는 늘 작아야 좋다) **return**문을 여럿 둔다고 문제가 되지는 않는다.

return 뒤에는 어떤 수식이 올 수도 있다. 변수의 이름만 와야 하는 것은 아니다. 따라서 앞의 코드를 다음과 같이 줄일 수도 있다.

2　[옮긴이] 앞으로는 '리턴'과 '타입'이라는 용어를 쓰겠습니다. 이는 다른 용어와 조합해서 표현하기 좋을 뿐 다른 이유는 없습니다.

```
int centToFaren(int c)
{
    return (f = c * 9 / 5 + 32);
}
```

변수가 아닌 수식이 리턴될 때는 이처럼 수식을 괄호로 묶어야 한다.

그 외 변수 타입

지금까지 살펴본 변수는 모두 **int** 타입의 변수였다. **int** 타입이 가장 많이 사용되지만 몇 가지 다른 타입도 함께 알고 있어야 한다.

플로트

우선, 가장 먼저 살펴볼 타입이 앞에서 살펴본 온도 변환 예제와 관련이 있는 **float**이다. 이 타입은 부동소수점수, 즉 1.23처럼 소수점이 들어 있는 숫자를 나타낸다. 주로 정수보다 높은 정밀도가 필요할 때 사용한다.

예를 들어 다음 코드를 살펴보자.

```
f = c * 9 / 5 + 32
```

c가 17이면 **f**는 17 * 9 / 5 + 32의 결과인 62.6이 된다. 하지만 **f**가 **int** 타입이라면 소수점 이하가 잘려 62가 된다.

게다가 연산 순서에 주의를 기울이지 않으면 문제가 더 심각해질 수 있다. 일례로 다음과 같이 나누기부터 수행했다고 가정해 보자.

```
f = (c / 5) * 9 + 32
```

정상적인 수학 관점에서 보자면 이번에도 결과가 62.6이지만 모든 숫자가 **int** 타입이라면 다음과 같이 계산이 진행될 것이다.

1. 17 나누기 5는 3.4이지만 소수점 이하가 잘리면서 3이 된다.

2. 3에 9를 곱하고 32를 더하면 59가 되는데, 이 값은 62.6과 차이가 크다.

이런 상황에서는 **float** 타입을 사용한다. 다음은 **float**를 사용하여 다시 작성한 온도 변환 함수이다.

```
float centToFaren(float c)
{
    float f = c * 9.0 / 5.0 + 32.0;
    return f;
}
```

상수 끝에 모두 .0이 추가되었다. 이렇게 부동소수점수 형식으로 입력되면 컴파일러는 **int** 타입이 아닌 **float** 타입으로 처리한다.

부울

부울(Boolean)은 논리적인 값으로서 참이나 거짓, 둘 중 하나이다.

C 언어에서는 첫 문자를 소문자 b로 하여 **boolean**으로 쓰지만 일반적으로는 수학자인 조지 부울(George Boole)의 이름을 따라 첫 문자를 대문자 B로 쓴다. 조지 부울은 컴퓨터 과학의 핵심 개념인 부울 논리를 고안한 사람이다.

모르고 지나쳤겠지만 **if** 명령에서 이미 부울 값을 사용했다. **(count == 20)**과 같은 **if**문의 조건이 실제로는 부울 결과를 제공하는 수식이다. ==를 비교 연산자로 부르는데, +는 두 숫자를 더하는 산술 연산자인 반면, ==는 두 숫자를 비교하여 참 또는 거짓이라는 값을 리턴하는 비교 연산자이다.

부울 변수를 정의하고 사용하는 방법은 다음과 같다.

```
boolean tooBig = (x > 10);
if (tooBig)
{
    x = 5;
}
```

부울 값은 부울 연산자로 처리한다. 따라서 숫자에 산술 연산을 수행하듯 부울 값에도 부울 연산을 수행한다. 일반적으로 사용되는 부울 연산자로는 **and**에 해당하는 &&, **or**에 해당하는 || 연산자가 있다.

그림 4-1은 **and**와 **or** 연산자의 진리표이다.

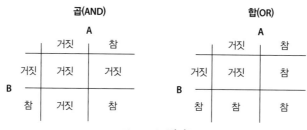

그림 4-1 | **진리표**

그림 4-1의 진리표에서도 알 수 있듯 **and** 연산자는 A와 B가 둘 다 참이면 결과도 참이다. 나머지는 전부 거짓이다.

이에 반해 **or** 연산자는 A나 B가 참이거나 A와 B가 둘 다 참이면 결과도 참이다. 그리고 A와 B가 둘 다 참이 아닌 경우에만 거짓이 된다.

and 연산자나 **or** 연산자 말고 **!**로 표기하는 **not** 연산자도 있다. 이 연산자를 참 또는 거짓 값에 대입하면 '참이 아닌 것(not true)'은 거짓이 되고, '거짓이 아닌 것(not false)'은 참이 된다.

이들 연산자를 결합하여 다음처럼 **if**문의 부울 수식에서 사용할 수 있다.

```
if ((x > 10) && (x < 50))
```

그 외 데이터 타입

지금까지 살펴본 대로 **int**와 **float**만 있으면 대부분은 충분하다. 하지만 다른 타입이 필요한 상황도 존재한다. 아두이노 스케치에서 **int**는 16비트를 사용한다. 따라서 −32768에서 32767까지 표현할 수 있다.

다른 데이터 타입을 표 4-1에 정리했다. 정리한 데이터 타입이 많지만 주로 참고용이며, 앞으로 이 가운데 몇몇을 사용해 볼 것이다.

한 가지 주의할 점은 데이터 타입이 해당 범위를 초과할 경우 기대와는 다른 결과가 초래된다는 것이다. 만일 값이 255인 **byte** 변수에 1을 더하면 결과 값이 0이 된다. 게다가 값이 32767인 **int** 변수에 1을 더하면 결과 값은 −32768이 된다.

다양한 데이터 타입에 충분히 익숙해지기 전까지는 활용도가 높은 **int** 타입만 고집하는 것이 좋다.

표 4-1 | C의 데이터 타입

타입	메모리 (바이트)	범위	참고
boolean	1	참(1) 또는 거짓(0)	
char	1	–128 ~ +128	ASCII(American Standard Code for Infor mation Interchange) 문자 코드를 나타내는 데 사용된다. 가령, A는 65로 표현된다. 일반적으로 음수는 사용되지 않는다.
byte	1	0 ~ 255	주로 시리얼 데이터 통신에서 단일 데이터 단위로 사용된다. 9장 참고
int	2	–32768 ~ +32767	
unsigned int	2	0 ~ 65536	음수가 필요하지 않아 양수의 범위를 확장하고 싶을 때 사용한다. int 타입과 함께 산술 연산을 하면 예기치 않은 결과가 발생할 수 있으므로 주의해서 사용해야 한다.
long	4	–2,147,483,648 ~ 2,147,483,647	매우 큰 숫자를 표현할 경우에만 필요하다.
unsigned long	4	0 ~ 4,294,967,295	**unsigned int** 참고
float	4	–3.4028235E+38 ~ 3.4028235E+38	
double	4	**float**와 같음	일반적으로는 8바이트를 사용하며 **float**보다 범위도 넓고 정밀도도 높다. 하지만 아두이노에서는 **float**와 같다.

코딩 스타일

실제로 C 컴파일러는 사용자의 코딩 스타일을 전혀 신경 쓰지 않는다. 심지어는 명령문이 끝날 때마다 세미콜론만 입력하면 코드를 한 줄로 길게 늘어세워도 전혀 문제가 되지 않는다. 하지만 깔끔하게 정리하며 코드를 작성하면 그러지 않은 코드에 비해 읽기도 쉽고 관리하기도 쉬워진다. 그런 의미에서 코드를 읽는 것은 책을 읽는 것과 다름없다. 둘 다 편집이 중요하니 말이다.

물론 전체적인 편집은 어디까지나 개인의 취향이다. 누군가의 취향을 놓고 좋고 나쁨을 이야기할 수 없듯 코드의 편집 상태에 대한 의견은 어디까지나 개인적이다. 프로그래머는 다른 사람이 작성한 코드를 가지고 작업을 해야 할 때 가장 먼저 자신이 좋아하는 형태로 바꾸는 작업부터 시작하기 마련이다.

이 문제의 해결책으로서 모든 사람이 같은 스타일로 코드를 작성하고 '좋은 코딩 사례'를 적용하도록 일종의 코딩 표준이 마련되었다.

C 언어에는 오랫동안 발전해 온 현실적인 표준이 마련되어 있으며, 이 책은 그 표준을 따른다.

들여쓰기

지금까지 다룬 스케치에는 프로그램 코드가 왼쪽을 기준으로 들여쓰기 되었다. **void** 함수를 정의할 때도 첫 번째 줄에서는 void 키워드가 맨 왼쪽부터 시작되며, 그 다음 줄의 여는 중괄호도 맨 왼쪽부터 시작된다. 하지만 중괄호 안에 있는 모든 텍스트에는 들여쓰기가 적용된다. 얼마나 들여써야 하는지는 중요하지 않다. 자신의 취향에 따라 두 칸을 들여써도 되고, 네 칸을 들여써도 된다. 혹은 탭 키를 눌러 들여쓸 수도 있다. 이 책에서는 두 칸씩 들여쓴다.

함수 정의 안에 **if**문이 있을 때는 if문에서 중괄호 안에 들어가는 텍스트를 두 칸 더 들여써야 하므로 최종 모습은 다음과 같다.

```
void loop()
{
    static int count = 0;
    count ++;
    if (count == 20)
    {
        count = 0;
        delay(3000);
    }
}
```

그리고 **if**문 안에 **if**문을 한 번 더 사용할 수도 있다. 이럴 때는 들여쓰기를 한 번 더 적용해야 하므로 여섯 칸을 들여써야 한다.

이런 들여쓰기가 귀찮게 생각될 수도 있겠지만 다른 사람이 엉망으로 작성해 놓은 스케치를 정리하는 일이 얼마나 어려운지 안다면 마음이 바뀔 것이다.

여는 중괄호

함수 정의, **if**문, **for** 루프에서 여는 중괄호를 어디에 둘지에 대해 두 계파가 맞서고 있다. 한쪽은 지금까지 본 대로 여는 중괄호를 명령이 끝난 다음 줄에 두자고 주장한다. 반면 다음처럼 명령 맨 뒤에 두자고 주장하는 쪽도 있다.

```
void loop() {
    static int count = 0;
    count ++;
    if (count == 20) {
        count = 0;
        delay(3000);
    }
}
```

이런 스타일은 C와 공통점이 많은 자바 프로그래밍 언어에서 일반적이다.

화이트스페이스

C 컴파일러는 스케치에서 '토큰(token)'이나 단어를 구별하기 위해 사용되는 경우를 제외하고 공백과 탭, 새행 문자를 모두 무시한다. 따라서 다음 예제는 문제없이 컴파일된다.

```
void loop() {static int
count=0;count++;if(
count==20){count=0;
delay(3000);}}
```

이 코드는 정상적으로 동작하지만 읽기가 쉽지는 않다.

변수에 값을 대입할 때 어떤 사람은 다음처럼 작성한다.

```
int a = 10;
```

하지만 다음처럼 작성하는 사람도 있다.

```
int a=10;
```

어느 스타일을 사용하든 문제 될 것은 없지만 일관성을 유지해야 한다. 개인적으로는 첫 번째 스타일을 선호한다.

주석

주석은 실제 프로그램 코드와 함께 스케치 안에 포함된 텍스트이지만 사실 어떤 프로그래밍 기능도 수행하지 않는다. 주석의 유일한 목적은 코드를 왜 이렇게 작성했는지를 작성자 자신과 다른 프로그래머에게 알려 주는 것이다. 따라서 주석을 제목으로 활용할 수도 있다.

컴파일러는 주석으로 표시된 모든 텍스트를 완벽하게 무시한다. 지금까지 살펴본 여러 스케치에서 맨 위에 주석을 두어 제목으로 사용했다.

주석에는 다음과 같은 두 가지 형식이 있다.

- //로 시작하고 그 줄의 끝에서 끝나는 한 줄짜리 주석

- /*로 시작해서 */로 끝나는 여러 줄짜리 주석

다음은 두 가지 주석 형식을 함께 사용한 예이다.

```
/* 그리 유용하다고 할 수 없는 loop 함수.
작성자: 사이먼 몽크
주석의 개념을 설명하기 위해
*/
void loop() {
    static int count = 0;
    count ++; // 한 줄짜리 주석
    if (count == 20) {
        count = 0;
        delay(3000);
    }
}
```

이 책에서는 대부분 한 줄짜리 주석을 고집했다.

스케치에서 어떤 일이 벌어지고 있는지나 스케치를 어떻게 사용해야 하는지를 설명하는 주석이 좋은 주석이다. 이렇게 주석을 달아 놓으면 다른 사람에게도 크게 도움이 되지만 작성한 사람 자신에게도 몇 주 동안 보지 않다가 다시 보려고 할 때 유용하다.

주석이 많을수록 더 좋은 코드가 된다고 말하는 사람도 있다. 하지만 베테랑 프로그래머들은 코드를 잘 작성해 두면 그 자체로 쉽게 이해할 수 있기 때문에 주석이 별로 필요하지 않다고도 말한다. 따라서 주석은 다음과 같은 경우에 사용하는 것이 좋다.

- 조금 복잡하거나 한눈에 이해하기가 어려운 부분을 설명할 때
- 프로그램에 포함되지 않은 작업을 사용자에게 알려 주어야 할 때

    예 **// 이 핀은 릴레이를 제어하는 트랜지스터에 연결해야 한다.**

- 메모를 남기고 싶을 때

    예 **// todo: 복잡함. 정리 필요**

마지막 항목에는 주석에서 **todo**를 활용하여 앞으로 필요한 작업을 기록해 두는 방법이 나타나 있다. 프로그래머들은 나중에 어떤 작업을 수행해야 한다고 코드에 **todo**를 남겨 두고는 한다. 언제든 IDE(통합 개발 환경)에서 검색 기능을 사용하여 프로그램에 남아 있는 **// todo** 항목을 검색하고 하나씩 해결하는 것이다.

다음은 주석을 사용하지 않아도 되는 경우의 예이다.

- 매우 명백한 부분은 설명하지 않는다.

    예 **a = a + 1; // a에 1을 더한다.**

- 잘못 작성한 코드는 설명하지 않는다. 주석보다는 정확한 코드 작성이 먼저이다.

정리

이번 장은 어느 정도 이론에 치중했다. 스케치를 함수로 구조화하고 장기적으로 작업 효율을 높여 줄 프로그래밍 스타일을 적용하는 등 몇 가지 새로운 추상적인 개념을 살펴보았다.

다음 장에서는 지금까지 배운 내용을 바탕으로 데이터를 구조화하고 텍스트 문자열을 사용하는 방법에 대해 알아볼 것이다.

5 배열과 문자열

지난 4장에서는 편안한 하루하루를 위해 스케치를 어떻게 구조화해야 하는지 살펴보았다. 훌륭한 프로그래머가 좋아하는 덕목이 바로 편안한 하루하루이다. 이제 우리의 관심을 스케치에서 사용하는 데이터로 옮겨 보자.

니클라우스 워스(Niklaus Wirth)의 《Algorithms + Data Structures = Programs》는 이 분야에서 고전에 속하지만 아직까지도 컴퓨터 과학과 프로그래밍의 핵심 주제를 잘 설명하고 있다. 프로그래밍 버그로 골머리를 썩어 본 사람이라면 이 책을 반드시 읽어보기 바란다. 이 책에서는 좋은 프로그램을 작성하려면 알고리즘(수행할 작업)과 데이터 구조를 함께 생각해야 한다고 주장하고 있다.

지금까지 살펴본 것은 **loop**나 **if**문 등 이른바 아두이노 프로그래밍의 '알고리즘적' 측면이라고 할 수 있다. 이제부터는 데이터 구조화 방법을 살펴보기로 하자.

배열

배열은 값 목록을 저장하는 수단이다. 지금까지 살펴본 변수에는 값이 하나만 저장되었으며 그 타입도 대부분 **int**였다. 이에 반해 배열은 값 목록을 가지며, 각 값은 목록의 위치에 따라 접근할 수 있다.

C도 다른 프로그래밍 언어처럼 1번이 아닌 0번부터 인덱스가 시작된다. 다시 말해 0번 자리가 첫 번째 요소의 실제 위치이다.

아두이노 보드의 내장 LED를 사용하여 모스부호로 'SOS'를 반복적으로 표시하는 실습 애플리케이션을 통해 배열의 사용법을 살펴보고자 한다.

모스부호는 19세기와 20세기에 필수 통신 수단이었다. 모스부호는 일련의 긴 대시 짧은 도트로 문자를 표현하기 때문에 전화선이나 무선 연결뿐만 아니라 빛을 이용해서도 전송할 수 있다. SOS(Save Our Souls의 머리글자)는 오늘날에도 국제적으로 긴급 구조 신호로 사용되고 있다.

문자 S는 세 번의 짧은 깜빡임(도트)으로 표현되고, 문자 O는 세 번의 긴 깜빡임(대시)으로 표현된다. 여기서는 **int** 타입의 배열을 사용하여 각 깜빡임의 길이를 담을 것이다. 그리고 **for** 루프를 사용하여 배열의 각 항목을 순차적으로 반복하면서 LED를 적절한 길이만큼 깜빡일 것이다.

먼저 다음과 같이 **int** 타입의 배열을 만들어 지속 시간을 저장하는 과정부터 진행한다.

```
int durations[] = {200, 200, 200, 500, 500, 500, 200, 200, 200};
```

변수 이름 다음의 대괄호([ ])는 이 변수가 배열이라는 의미이다.

여기서는 배열을 만들 때 지속 시간에 해당하는 값도 지정했다. 이를 위해 중괄호를 입력하고 그 안에 각 값을 쉼표로 구분하여 전부 입력했다. 맨 끝에 세미콜론을 반드시 입력해야 한다.

배열의 요소에는 대괄호를 사용하여 접근한다. 따라서 배열의 첫 번째 요소에 접근하려면 다음처럼 코드를 작성한다.

```
durations[0]
```

이제 배열을 만들어 그 모든 값을 시리얼 모니터에 출력하는 스케치를 통해 지금까지 설명한 내용을 구체적으로 확인해 보자.

```
// sketch 5-01

int durations[] = {200, 200, 200, 500, 500, 500, 200, 200, 200};

void setup()
{
    Serial.begin(9600);
    for (int i = 0; i < 9; i++)
    {
        Serial.println(durations[i]);
    }
}

void loop() {}
```

스케치 안에서 배열을 수정할 이유가 없다면 일반 변수처럼 배열에도 **const** 키워드를 적용할 수 있다.

이 스케치를 아두이노 보드에 업로드하고 시리얼 모니터를 연다. 아무런 문제가 없다면 그림 5-1과 같은 결과를 확인할 수 있을 것이다.

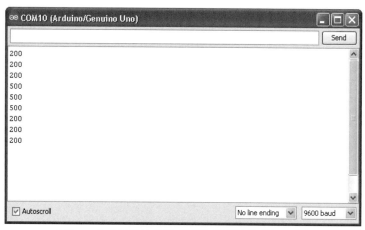

그림 5-1 | 스케치 5-01의 출력이 표시된 시리얼 모니터

이 스케치는 상당히 깔끔하다. 배열에 지속 시간을 추가하고 싶을 때는 중괄호 안에 원하는 값을 입력하고 **for** 루프에 있는 9를 새 배열의 크기로 바꿔 주기만 하면된다.

배열의 범위 밖에 있는 데이터 요소에 접근하려고 해도 컴파일러에서 막아 주지 않기 때문에 배열을 사용할 때는 범위 밖의 요소에 접근하는 일이 없도록 주의해야한다. 이 상황이 오류로 파악되지 않는 이유는 그림 5-2와 같이 배열이란 실제로 메모리의 한 주소를 가리키는 포인터이기 때문이다.

프로그램은 일반 변수와 배열을 포함해 여러 데이터를 **메모리**에 저장해 두고 사용한다. 컴퓨터 메모리는 사람의 기억(메모리)보다 훨씬 더 엄격하게 정렬되어 있다. 아두이노의 메모리는 일종의 칸막이 수납장이라고 생각하면 이해하기 쉽다. 예를 들어, 9개 요소로 구성된 배열을 정의하면 사용할 수 있는 칸 9개가 이 배열에 마련되고, 배열의 이름으로 사용된 변수가 배열의 첫 번째 칸, 즉 **요소**를 가리키게 된다.

앞에서 언급한 배열의 범위 밖에 있는 요소에도 접근할 수 있다는 사실로 돌아가보자. **durations[10]**에 접근해 보면 **int** 값이 리턴되기는 하지만, 이 값은 어떤 값도 될 수 있다. 이 문제는 그 자체로 매우 심각한 것은 아니지만, 의도적으로 배열

밖의 값을 가져오려고 한 경우가 아니라면 예기치 않은 심각한 결과를 초래할 수도 있으니 매우 주의해야 한다.

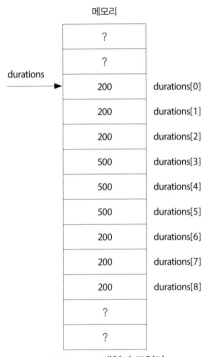

그림 5-2 | **배열과 포인터**

하지만 그보다 더 심각한 문제는 배열 범위 밖의 값을 변경할 경우에 발생한다. 가령, 프로그램에 다음 코드가 포함되면 스케치가 중단된다.

```
durations[10] = 0;
```

durations[10] 수납공간을 전혀 다른 변수가 사용하고 있을 수도 있으므로 배열 범위를 벗어나지 않도록 항상 주의해야 한다. 스케치가 예상대로 작동하지 않는다면 이런 문제부터 확인해 보는 것이 좋다.

배열을 사용한 모스부호 SOS

스케치 5-02는 배열을 사용하여 긴급 구조 신호인 SOS를 만드는 코드이다.

```
// sketch 5-02
const int ledPin = 13;

int durations[] = {200, 200, 200, 500, 500, 500, 200, 200, 200};

void setup()
{
    pinMode(ledPin, OUTPUT);
}

void loop()
{
    for (int i = 0; i < 9; i++)
    {
        flash(durations[i]);
    }
    delay(1000);
}

void flash(int delayPeriod)
{
    digitalWrite(ledPin, HIGH);
    delay(delayPeriod);
    digitalWrite(ledPin, LOW);
    delay(delayPeriod);
}
```

이런 식으로 코드를 작성하면 단순히 **durations** 배열을 변경하는 것만으로도 원하는 대로 메시지를 매우 쉽게 변경할 수 있는 장점을 누릴 수 있다. 스케치 5-05에서는 한 차원 높은 수준의 배열을 활용하여 좀 더 일반적인 용도로 사용할 수 있는 모스부호 표시 장치를 만들 것이다.

문자열 배열

프로그래밍 언어에 밥 먹듯이 등장하는 **string**이라는 말은 매듭을 묶을 때 사용하는 길고 가느다란 재료와 아무런 상관이 없다. **string**은 문자들이 연속된 형태, 즉 **문자열**이라고 하며, 아두이노가 텍스트를 처리하는 방식이기도 하다[3]. 예를 들어, 스케치 5-03은 Hello라는 텍스트를 시리얼 모니터로 1초에 한 번씩 반복 전송한다.

```
// sketch 5-03
void setup()
{
    Serial.begin(9600);
}

void loop()
{
    Serial.println("Hello");
    delay(1000);
}
```

문자열 리터럴

문자열 리터럴(string literal)은 큰따옴표로 묶인 것을 나타내며, 이 문자열이 **int** 123 처럼 상수라는 의미에서 리터럴이라고 한다[4].

이미 예상하고 있겠지만 문자열도 변수에 대입할 수 있다. 고급 문자열 라이브러리도 있지만 여기서는 스케치 5-03에서 사용했던 종류인 표준 C 문자열을 사용할 것이다.

---

3   옮긴이 string의 기본적인 의미는 '끈'입니다. 문자들이 끈처럼 이어진 형태를 가리켜 우리는 문자열이라 고 표현합니다.

4   옮긴이 literal의 원래 의미는 '글자 그대로'입니다. 예를 들어, '엔터'라는 단어는 키보드의 키를 의미할 수 도 있지만 그저 '엔'과 '터'가 합쳐진 두 글자일 수도 있습니다. 뒤엣것을 리터럴이라고 합니다.

C에서 문자열 리터럴은 **char** 타입의 배열이다. **char** 타입은 숫자라는 점에서 **int**와 비슷하지만, 그 범위가 0부터 127까지로 제한되어 있고 문자 하나를 나타낸다는 특징을 가지고 있다. 이 문자는 알파벳의 한 글자가 되기도 하고, 숫자나 구두점, 특수 문자(⑩ 탭 또는 라인피드)가 되기도 한다. 이 숫자 코드는 아스키(ASCII)라는 표준을 사용하며, 일부를 표 5-1에 나타내었다.

표 5-1 | 흔히 사용하는 ASCII 코드

문자	ASCII 코드(십진수)
a–z	97–122
A–Z	65–90
0–9	48–57
공백	32

문자열 리터럴인 Hello는 그림 5-3에서 알 수 있듯 문자들의 배열이다.

그리고 문자열 리터럴의 끝에는 특별한 null 문자(\0)가 있다. 이 null 문자는 문자열의 끝을 나타낸다.

메모리

H (72)
e (101)
l (108)
l (108)
o (111)
\0 (0)

그림 5-3 | 문자열 리터럴 Hello

문자열 변수

예상했겠지만 문자열 변수는 배열 변수와 매우 비슷하다. 단, 초깃값을 정의하는 간편한 방법이 있다는 점이 다르다.

```
char name[] = "Hello";
```

이 코드는 문자 배열을 정의하고 배열의 초깃값을 Hello로 지정한다. 그리고 문자열의 끝을 표시하는 널 값(아스키 0)을 배열의 맨 뒤에 추가한다.

지금까지는 이 방법으로 배열을 작성했지만 좀 더 일반적인 방법은 다음과 같다.

```
char *name = "Hello";
```

이 코드도 앞의 예제와 동일한 기능을 수행하며, * 기호는 포인터를 나타낸다. 그리고 **name**은 **char** 배열의 첫 번째 **char** 요소를 가리킨다. 이 요소가 문자 H의 메모리 위치이다.

그렇다면 스케치 5-03을 변수를 사용하는 형태로 다음과 같이 수정할 수 있다.

```
// sketch 5-04
char message[] = "Hello";

void setup()
{
    Serial.begin(9600);
}

void loop()
{
    Serial.println(message);
    delay(1000);
}
```

모스부호 변환 장치

지금까지 배운 배열과 문자열 지식을 이용하여 좀 더 복잡한 스케치를 작성해 보자. 시리얼 모니터로 입력받은 메시지에 맞춰 내장 LED를 깜빡이는 스케치이다.

모스부호의 글자는 표 5-2와 같다.

표 5-2 | 모스부호 글자

A	.-	N	-.	0	-----
B	-...	O	---	1	.----
C	-.-.	P	.--.	2	..---
D	-..	Q	--.-	3	...--
E	.	R	.-.	4	....-
F	..-.	S	...	5	.....
G	--.	T	-	6	-....
H	....	U	..-	7	--...
I	..	V	...-	8	---..
J	.---	W	.--	9	----.
K	-.-	X	-..-		
L	.-..	Y	-.--		
M	--	Z	--..		

모스부호에는 몇 가지 규칙이 있다. 첫 번째는 '대시의 길이는 도트의 3배'이고, 두 번째는 '대시나 도트 사이의 간격은 도트의 지속 시간과 같다'이며, 세 번째는 '두 문자 사이의 간격은 대시 하나의 길이와 같다'이다. 마지막으로, '두 단어 사이의 간격은 도트 7개의 지속 시간과 같다'라는 규칙이 있다.

구두점 기능을 스케치에 추가하는 것도 흥미로운 작업이기는 하지만 이 프로젝트에서는 고려하지 않는다. 모스 글자 전체 목록은 en.wikipedia.org/wiki/Morse_code에서 확인할 수 있다.

데이터

이번 실습을 한 번에 한 단계씩 진행할 것이다. 먼저 모스부호를 표현하기 위한 데이터 구조부터 살펴보자.

일단 이 문제의 답은 하나가 아니라는 사실부터 이해해야 한다. 프로그래머마다 문제 해결 방법이 다르기 때문이다. 따라서 "난 이런 방법을 못 찾을 거야."라는 생각은 처음부터 하지 않는 것이 좋다. 여러분은 분명 뭔가 다르면서도 더 나은 방식으로 문제를 해결할 수도 있다. 사람마다 생각이 다르다. 앞으로 소개할 방법은 그저 머릿속에 가장 먼저 떠오른 것일 뿐이다.

이 프로젝트의 데이터를 표현하려면 결국 표 5-2의 문자와 숫자를 C 언어로 표현할 수 있는 방법을 찾아야 한다. 실제로 여기서는 데이터를 두 가지로 나누었다. 하나는 글자이고 또 하나는 숫자이다. 우선 글자의 데이터 구조는 다음과 같다.

```
char* letters[] = {
    ".-", "-...", "-.-.", "-..", ".", // A-I
    "..-.", "--.", "....", "..",
    ".---", "-.-", ".-..", "--", "-.", // J-R
    "---", ".--.", "--.-", ".-.",
    "...", "-", "..-", "...-", ".--", // S-Z
    "-..-", "-.--", "--.."
};
```

여기서는 문자열 리터럴로 구성된 배열을 만들었다. 자, 문자열 리터럴은 실제로 **char** 배열이므로 결과적으로는 배열의 배열을 만든 셈이다. 문법적으로도 전혀 문제가 없고 유용한 방법이라고 할 수 있다.

이렇게 배열을 정의해 놓으면 **letters[0]**는 .-라는 문자열을 가리킨다. 하지만 이 접근 방식은 끔찍할 정도로 효율성이 떨어진다. 왜냐하면 대시나 도트를 표현하기 위해 순전히 1바이트(8비트)의 메모리를 사용하기 때문이다. 잘 생각해 보라. 1비트로도 도트나 대시를 표현할 수 있지 않을까? 하지만 이 방식을 합리화하자면, 전체 메모리 2048바이트 중에서 겨우 90바이트를 사용할 뿐이라고 항변한다. 그리고 일단 코드가 읽기 쉽지 않은가?

숫자도 다음과 같이 동일한 형태로 정의한다.

```
char* numbers[] = {
    "-----", ".----", "..---", "...--", "....-",
    ".....", "-....", "--...", "---..", "----."};
```

전역 변수와 setup 함수

전역 변수도 두 개 정의해야 한다. 하나는 도트의 지연 시간 지정용이고, 또 하나는 LED가 연결되는 핀 정의용이다.

```
const int dotDelay = 200;
const int ledPin = 13;
```

setup 함수는 꽤 단출하다. **ledPin**을 출력으로 설정하고 시리얼 포트를 시작하기만 하면 된다.

```
void setup()
{
    pinMode(ledPin, OUTPUT);
    Serial.begin(9600);
}
```

loop 함수

실질적인 처리 작업을 수행하는 **loop** 함수의 알고리즘을 정리하면 다음과 같다.

- USB에서 읽을 문자가 있다면
  - 이 문자가 글자이면 **letters** 배열을 사용하여 LED를 깜빡인다.
  - 이 문자가 숫자이면 **numbers** 배열을 사용하여 LED를 깜빡인다.
  - 이 문자가 공백이면 짧게 4번 깜빡인다.

이것이 전부이다. 더 이상 복잡하게 생각할 필요가 없다. 이 알고리즘에 여러분의 할 일, 여러분의 **의도**가 고스란히 담겼기 때문이다. 이런 방식을 **의도에 따른 프로그래밍**(programming by intention)이라고 한다.

이 알고리즘을 C 언어로 작성하면 다음과 같다.

```c
void loop()
{
    char ch;
    if (Serial.available() > 0)
    {
        ch = Serial.read();
        if (ch >= 'a' && ch <= 'z')
        {
            flashSequence(letters[ch - 'a']);
        }
        else if (ch >= 'A' && ch <= 'Z')
        {
            flashSequence(letters[ch - 'A']);
        }
        else if (ch >= '0' && ch <= '9')
        {
            flashSequence(numbers[ch - '0']);
        }
        else if (ch == ' ')
        {
            delay(dotDelay * 4);       // 단어 사이의 간격
```

```
        }
    }
}
```

설명이 필요한 곳이 몇 군데 있다. 먼저, **Serial.available()** 함수부터 살펴보자. 이 함수를 이해하려면 아두이노가 USB를 통해 컴퓨터와 어떻게 통신하는지 이해해야 한다. 이 과정을 요약해서 그림 5-4에 나타내었다.

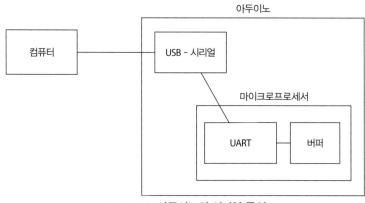

그림 5-4 | **아두이노의 시리얼 통신**

컴퓨터가 데이터를 시리얼 모니터에서 아두이노 보드로 전송하면 이 데이터는 USB 신호와 프로토콜로 표현된 형태에서 아두이노의 마이크로컨트롤러에서 사용될 수 있는 신호로 변환된다. 이 변환은 아두이노 보드에 있는 특수 목적 칩에서 수행된다. 이렇게 변환된 데이터는 마이크로컨트롤러의 일부인 UART(Universal Asynchronous Receiver/Transmitter)로 전달된다. 그리고 UART는 수신한 데이터를 버퍼에 저장한다. 데이터가 임시로 저장되는 특별한 메모리 영역(128바이트)을 버퍼라고 부른다.

이 통신은 스케치에서 무엇을 하든 상관없이 진행된다. 따라서 LED가 깜빡이는 상황에서도 데이터가 버퍼로 넘어가 나중에 필요할 때까지 그대로 남아 있게 된다. 이메일의 받은 편지함을 생각하면 버퍼를 이해하기 쉽다.

'받은 메일이 있는지' 확인하는 수단이 바로 **Serial.available()** 함수이다. 이 함수는 버퍼에 있는 데이터를 바이트 단위로 리턴한다. 버퍼에 메시지가 없으면 0을 리턴한다. 이런 이유 때문에 첫 번째 **if**에서 0보다 큰지를 검사한 것이다. 만일 0보다 크면, 즉 읽을 수 있는 데이터가 있으면 **Serial.read()** 함수를 사용하여 버퍼에 있는 순서상 다음 **char**를 읽는다. 이 함수의 리턴 값은 지역 변수인 **ch**에 대입된다.

다음은 깜빡이고 싶은 내용을 결정할 두 번째 **if**이다.

```
if (ch >= 'a' && ch <= 'z')
{
    flashSequence(letters[ch - 'a']);
}
```

조금 낯설게 보이겠지만, 이 코드는 <=와 >=를 사용하여 문자를 비교하는 방법이다. 이 방법을 사용할 수 있는 이유는 각 문자가 숫자(해당 아스키 코드)로 표현되기 때문이다. 문자의 코드가 a와 z 사이(97과 122 사이)에 있다면 컴퓨터로부터 수신한 문자가 소문자임을 알 수 있다. 그 다음은 아직 작성하지 않은 **flashSequence** 함수를 호출했다. 이 함수에는 도트와 대시의 문자열을 인수로 전달해야 한다. 가령, a를 표현할 때는 .-를 인수로 전달해야 한다.

LED를 실제로 깜빡이는 일은 **loop**가 아니라 **flashSequence**에서 처리하는 것이 좋다. 코드가 단순해져 읽기 쉬워지기 때문이다.

다음은 **flashSequence**로 전달해야 하는 대시와 도트 문자열이 결정되는 C 구문이다.

```
letters[ch - 'a']
```

이 구문도 역시 조금 낯설 것이다. 문자에서 문자를 빼는 것처럼 보이지만 실제로는 문자의 아스키 값으로 연산하는 구문이다.

이미 밝혔듯 문자에 해당하는 코드를 배열로 저장한다. 따라서 배열의 첫 번째 요소에는 문자 A에 해당하는 대시와 도트로 구성된 문자열이 담기고, 두 번째 요소에는 문자 B에 해당하는 대시와 도트로 구성된 문자열이 담긴다. 각 문자가 이런 식으로 배열에 담기는 것이다. 그러므로 버퍼에서 가져온 글자의 배열 내 위치를 찾아야 한다. 소문자의 위치는 각 글자의 문자 코드에서 소문자 a의 문자 코드를 뺀 값이 된다. 예를 들면, a - a는 실제로 97 - 97 = 0이다. 마찬가지로 c - a는 실제로 99 - 97 = 2이다. 따라서 ch가 문자 c라면 대괄호 안의 값은 2가 되며, 배열의 세 번째 요소인 -.-.를 의미한다(배열의 인덱스는 0부터 시작한다).

여기서는 소문자만 다루었지만 대문자와 숫자도 처리할 수 있어야 한다. 소문자와 비슷한 방법으로 처리하면 될 것이다.

flashSequence 함수

지금까지는 **flashSequence**라는 함수가 있다는 가정에서 코딩의 흐름을 이어갔지만 이제 이 함수를 실제로 작성할 때가 되었다. 일련의 대시와 도트로 구성된 문자열을 받아 필요한 만큼 정확한 타이밍으로 깜빡여야 하는 것이 이 함수가 할 일이다.

알고리즘을 어떻게 작성해야 할까? 다음처럼 세부 단계로 나눌 수 있을 것이다.

- 대시와 도트로 이뤄진 문자열의 요소(예 .-.)마다
  - 해당 도트나 대시를 깜빡인다.

함수는 의도에 따른 프로그래밍 개념을 적용하여 될 수 있으면 간단하게 만들어야 한다.

모스부호의 길이는 문자마다 다르므로 종료 표시인 \0이 나올 때까지 문자열을 반복 처리해야 한다. 그리고 카운터 변수인 i도 필요하다. 이 변수는 0부터 시작하며, 도트나 대시가 처리될 때마다 1씩 증가한다.

```
void flashSequence(char* sequence)
{
    int i = 0;
    while (sequence[i] != '\0')
    {
        flashDotOrDash(sequence[i]);
        i++;
    }
    delay(dotDelay * 3);              // 글자 사이의 간격
}
```

이번에도 도트나 대시를 깜빡이는 실제 일을 **flashDotOrDash**라는 새 함수에 넘겼다. 마지막으로, 프로그램이 도트와 대시를 깜빡이면 도트 세 번만큼 지연 시간을 가져야 한다. 주석을 어떻게 활용했는지도 눈여겨보기 바란다.

flashDotOrDash 함수

마지막으로 살펴볼 함수는 실제로 LED 깜빡이기를 담당할 **flashDotOrDash**이다. 이 함수는 도트나 대시 중 하나에 해당하는 문자를 인수로 받는다.

flashDotOrDash 함수는 도트를 받으면 LED를 켜고 도트의 길이만큼, 대시를 받으면 도트 길이의 세 배만큼 켜진 상태를 유지하다 꺼야 한다. 그리고 깜빡이는 간격을 도트의 길이만큼 두어야 한다.

```
void flashDotOrDash(char dotOrDash)
{
    digitalWrite(ledPin, HIGH);
    if (dotOrDash == '.')
    {
        delay(dotDelay);
    }
    else                              // -가 되어야 한다.
    {
        delay(dotDelay * 3);
    }
    digitalWrite(ledPin, LOW);
    delay(dotDelay);                  // 플래시 사이의 간격
}
```

전부 합치기

지금까지 설명한 조각들을 하나로 합치면 스케치 5-05와 같다. 이 스케치를 아두
이노 보드로 업로드하고 실행해 보자. 시리얼 모니터를 열고 위쪽에 있는 텍스트
입력란에 아무 텍스트나 입력하고 Send 버튼을 클릭한다. 입력한 텍스트에 해당하
는 모스부호가 LED로 깜빡이는 모습을 확인할 수 있을 것이다.

```
// sketch 5-05
const int dotDelay = 200;
const int ledPin = 13;

char* letters[] = {
    ".-", "-...", "-.-.", "-..", ".", "..-.", "--.", "....", "..",    // A-I
    ".---", "-.-", ".-..", "--", "-.", "---", ".--.", "--.-", ".-.",  // J-R
    "...", "-", "..-", "...-", ".--", "-..-", "-.--", "--.."          // S-Z
};

char* numbers[] = {"-----", ".----", "..---", "...--", "....-",
    ".....", "-....", "--...", "---..", "----."};
```

```
void setup()
{
    pinMode(ledPin, OUTPUT);
    Serial.begin(9600);
}

void loop()
{
    char ch;
    if (Serial.available() > 0)
    {
        ch = Serial.read();
        if (ch >= 'a' && ch <= 'z')
        {
            flashSequence(letters[ch - 'a']);
        }
        else if (ch >= 'A' && ch <= 'Z')
        {
            flashSequence(letters[ch - 'A']);
        }
        else if (ch >= '0' && ch <= '9')
        {
            flashSequence(numbers[ch - '0']);
        }
        else if (ch == ' ')
        {
            delay(dotDelay * 4);        // 단어 사이의 간격
        }
    }
}

void flashSequence(char* sequence)
{
    int i = 0;
    while (sequence[i] != '\0')
    {
        flashDotOrDash(sequence[i]);
        i++;
    }
    delay(dotDelay * 3);                // 글자 사이의 간격
}

void flashDotOrDash(char dotOrDash)
{
    digitalWrite(ledPin, HIGH);
```

```
    if (dotOrDash == '.')
    {
        delay(dotDelay);
    }
    else                            // -가 되어야 한다.
    {
        delay(dotDelay * 3);
    }
    digitalWrite(ledPin, LOW);
    delay(dotDelay);                // 플래시 사이의 간격
}
```

자동으로 호출되는 loop 함수는 **flashSequence** 함수를 호출하고, **flashSequence** 함수는 **flashDotOrDash** 함수를 호출한다. **flashDotOrDash** 함수는 아두이노가 제공하는 **digitalWrite** 함수와 **delay** 함수를 호출한다.

이처럼 함수를 사용하여 기능을 분담하는 방식으로 스케치를 작성하면, 원하는 작업을 효과적으로 수행할 수 있을 뿐만 아니라 나중에 다시 보더라도 쉽게 이해할 수 있다.

정리

이 장에서는 문자열과 배열을 다뤘으며 좀 더 복잡한 구조인 모스부호 변환기도 만들었다. 그리고 함수를 사용하여 코드를 작성할 때 얻을 수 있는 장점도 살펴보았다.

다음 장에서는 입력과 출력, 즉 아두이노 보드에서 발생하는 아날로그 및 디지털 신호의 입력과 출력에 대해서 알아볼 것이다.

6

입력과 출력

아두이노 보드는 물리적 컴퓨팅 도구 중 하나로 여러 가지 전자
부품을 연결해서 다양한 응용 작업을 수행할 때 많이 사용된
다. 따라서 연결 핀의 다양한 활용성을 이해하고 있어야 한다.

출력은 0V나 5V로만 전환되는 디지털과 0V와 5V 사이의 어떤 전압으로도 설정할
수 있는 아날로그가 지원된다. 그리고 앞으로 살펴보겠지만 아날로그 출력은 디지
털 출력에 비해 조금 더 복잡하다.

마찬가지로 입력도 디지털(⑩ 버튼의 눌림 여부 판별)과 아날로그(⑩ 광센서)를 지원한다.

이 책에서는 기본적으로 하드웨어보다 소프트웨어에 초점을 맞추고 있기 때문에
전자 부품에 대해서는 깊이 있게 다루지 않을 것이다. 하지만 멀티미터와 짧은 전
선만이라도 갖춘다면 이 장의 내용을 이해하는 데 많은 도움이 될 것이다.

전자 부품에 대해 깊이 알고자 한다면 《Hacking Electronics》(TAB/McGraw-Hill, 2013)
를 추천한다.

디지털 출력

5장까지는 아두이노 보드의 13번 디지털 핀에 연결된 LED를 사용했다. 일례로 5장에서는 이 LED를 모스부호 표시 장치로 사용했다. 아두이노 보드의 핀은 모두 디지털로 사용할 수 있다.

아두이노의 다른 핀 하나를 실험해 보자. 4번 디지털 핀을 사용할 텐데, 실험을 진행하기 위해 멀티미터 리드에 전선을 고정하고 아두이노 보드에 연결한다. 여기까지 완성한 모습이 그림 6-1이다. 악어 클립이 제공되는 멀티미터라면 짧은 전선 양쪽 끝 부분의 피복을 벗기고 한쪽 끝은 악어 클립에, 다른 쪽 끝은 아두이노 소켓에 꽂는다. 멀티미터에 악어 클립이 없는 경우에는 그림 6-1처럼 피복을 벗긴 전선의 한쪽 끝을 탐침에 감아 연결한다.

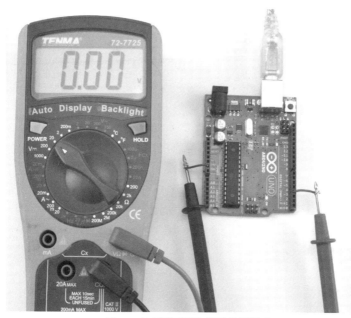

그림 6-1 | 멀티미터로 출력 측정하기

먼저 멀티미터를 0-20V 직류(DC) 범위로 맞춘다. 음극 리드(검은색)는 접지(GND) 핀에, 양극 리드는 D3에 연결한다. 탐침 리드에 감긴 짧은 전선을 그림 6-1처럼 아두이노 보드의 소켓 헤더에 끼워 넣는다.

스케치 6-01을 로드한다.

```
//sketch 6-01

const int outPin = 3;

void setup()
{
    pinMode(outPin, OUTPUT);
    Serial.begin(9600);
    Serial.println("Enter 1 or 0");
}

void loop()
{
    if (Serial.available() > 0)
    {
        char ch = Serial.read();
        if (ch == '1')
        {
            digitalWrite(outPin, HIGH);
        }
        else if (ch == '0')
        {
            digitalWrite(outPin, LOW);
        }
    }
}
```

스케치의 시작 부분에 **pinMode**라는 명령이 보인다. **pinMode**는 핀에 연결된 전자 부품을 입력 또는 출력으로 구성하는 명령이므로 프로젝트에서 사용하고 있는 모든 핀에 이 명령을 적용해야 한다. 일례로 다음처럼 사용할 수 있다.

```
pinMode(outPin, OUTPUT);
```

예상했겠지만 **pinMode**는 내장 함수이다. 첫 번째 인수는 **int** 타입의 핀 번호이며, 두 번째 인수는 모드이다. 그리고 모드에 사용할 수 있는 값으로는 **INPUT**과 **INPUT_PULLUP**, **OUTPUT**이 있다. 모드 이름은 모두 대문자로 표현해야 한다.

loop는 시리얼 모니터를 통해 입력될 **1** 또는 **0**의 값을 기다린다. **1**이 입력되면 4번 핀이 켜지고, **0**이 입력되면 4번 핀이 꺼진다.

스케치를 아두이노 보드로 업로드하고 시리얼 모니터를 연다(그림 6-2 참고).

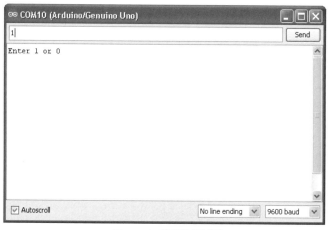

그림 6-2 | **시리얼 모니터**

자, 멀티미터의 전원을 켜고 아두이노 보드에 연결한다. 시리얼 모니터에서 1이나 0을 입력하고 Enter 키를 눌러 아두이노 보드로 명령을 전송하면 멀티미터가 읽은 값이 0V와 5V 사이에서 움직이는 것을 볼 수 있다. 그림 6-3은 시리얼 모니터에서 1을 전송하고 멀티미터가 읽은 값을 나타낸다.

'D'로 표시된 디지털 핀이 모자라면 'A'로 표시된 핀도 디지털로 사용할 수 있다. 그러기 위해서는 A0처럼 아날로그 핀 이름 앞에 A라는 글자를 붙이면 된다. 스케치 6-01에서 첫 번째 행을 이렇게 수정하고 멀티미터의 양극 리드를 A0 핀에 연결한다.

디지털 출력에 대한 내용은 지금까지가 전부이다. 이제 디지털 입력에 대해 살펴보자.

그림 6-3 | 출력을 HIGH로 설정한 상태

디지털 입력

디지털 입력은 온(ON)이나 오프(OFF) 중 하나이며, 스위치의 개폐 여부를 감지할 때 가장 많이 사용된다. 입력 전압이 5V의 절반에 해당하는 2.5V보다 낮으면 0(OFF)이 되고, 2.5V보다 높으면 1(ON)이 된다.

멀티미터를 분리하고 스케치 6-02를 아두이노 보드로 업로드한다.

```
//sketch 6-02

const int inputPin = 5;

void setup()
{
    pinMode(inputPin, INPUT);
    Serial.begin(9600);
}

void loop()
{
    int reading = digitalRead(inputPin);
    Serial.println(reading);
    delay(1000);
}
```

출력을 사용할 때와 마찬가지로 입력으로 사용할 핀을 **setup** 함수에서 지정해야
한다. 디지털 입력의 값은 **digitalRead** 함수를 사용하여 가져올 수 있다. 이 함수
는 0이나 1을 리턴한다.

풀업 저항기

이 스케치는 1초에 한 번씩 입력 핀을 읽어 시리얼 모니터에 표시한다. 시리얼 모니
터에는 1초에 한 번씩 값이 표시될 것이다. 그림 6-4와 같이 D5 소켓에 전선의 한
쪽 끝을 꽂고 두 손가락으로 다른 쪽 끝을 잡는다.

몇 초 동안 이 상태를 유지하면 시리얼 모니터에는 0과 1이 불규칙하게 표시될 것
이다. 이런 결과가 나타나는 이유는 아두이노 보드가 입력에 매우 민감하게 반응
하기 때문이다. 이 경우 전선을 잡고 있는 사람이 안테나 역할을 하면서 전기적 간
섭이 발생한다.

이번에는 잡고 있던 쪽의 전선을 그림 6-5와 같이 아두이노 보드의 5V 소켓에 꽂는다. 그러면 1이라는 값이 연속해서 시리얼 모니터에 표시될 것이다.

그림 6-4 ┃ **사람이 안테나 역할을 수행하는 디지털 입력**

그림 6-5 ┃ **5V에 연결된 5번 핀**

이번에는 5V에 꽂았던 전선을 아두이노 보드의 GND 소켓 중 하나에 꽂는다. 예상대로 시리얼 모니터에는 0이 계속해서 표시될 것이다.

입력 핀은 일반적으로 스위치를 연결할 때 주로 사용된다. 그림 6-6은 스위치를 연결하는 방법 중 하나이다.

다만, 이렇게 연결할 경우 스위치가 닫혀 있지 않으면 입력 핀이 어디에도 연결되지 않는 문제가 발생한다. 이를 가리켜 플로팅(floating) 상태라고 하며, 플로팅 상태에서는 입력 핀에서 읽은 값이 정확하지 않을 수도 있다. 이를 방지하고 예측 가능한 값을 읽기 위해서 풀업(pull-up) 저항기를 사용한다. 잠시 뒤에 저항기를 따로 사용하지 않고 아두이노의 내장 연속 저항기를 사용하는 방법을 소개할 것이다. 일반적인 풀업 저항기의 사용 방법은 그림 6-7에 나타낸 모습과 같다. 스위치가 열려 있을 때는 플로팅 입력을 5V까지 올리고, 스위치를 눌러 접점을 닫으면 저항기의 효과가 사라져 입력이 강제로 0V가 된다. 이 과정에서 한 가지 부작용이 생긴다. 스위치가 닫혀 있는 동안 5V가 저항기에 공급되어 전류가 흐르게 된다는 점이다. 따라서 전기적 간섭을 전혀 받지 않을 정도로 낮으면서도 스위치가 닫혀 있을 때 과도한 전류가 흐르는 것을 충분히 방지할 수 있을 정도로 높은 저항 값을 선택해야 한다.

그림 6-6 | 아두이노 보드에 스위치 연결하기

그림 6-7 | 풀업 저항기가 연결된 스위치

내부 풀업 저항기

다행히 아두이노 보드의 디지털 핀에는 소프트웨어적으로 구성할 수 있는 풀업 저항이 내장되어 있다. 기본적으로는 이 저항들이 작동하지 않는다. 따라서 스케치 6-02의 풀업 저항기를 활성화하려면 5번 핀을 INPUT에서 INPUT_PULLUP으로 변경해야 한다.

스케치 6-03이 수정된 버전이다. 이 스케치를 아두이노로 업로드하고 안테나를 다시 테스트한다. 이번에는 시리얼 모니터에서 입력이 1로 유지되어야 한다.

```
//sketch 6-03

const int inputPin = 5;

void setup()
{
    pinMode(inputPin, INPUT_PULLUP);
    Serial.begin(9600);
}

void loop()
{
    int reading = digitalRead(inputPin);
    Serial.println(reading);
    delay(1000);
}
```

디바운싱

푸시버튼을 누르면 1(풀업 저항 사용)에서 0으로 한 번만 바뀐다고 생각할 것이다. 그림 6-8은 버튼을 누를 때 일어나는 전압의 변화 모습이다. 버튼을 한 번만 누르더라도 실제로는 버튼 안에 있는 금속 접점이 여러 번 붙었다 떨어졌다 하는 바운싱 현상이 발생한다.

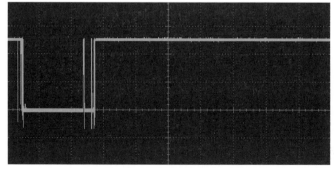

그림 6-8 | 버튼 누름을 추적하는 오실로스코프

이 과정이 매우 빠르게 진행되기 때문에 오실로스코프로 버튼을 한 번 누를 때 소요되는 시간을 측정해 보면 기껏해야 200밀리초에 불과하다. 이러한 푸시버튼은 '구식' 스위치이다. 요즘 사용하는 새로운 클릭 타입의 접촉식 버튼에서는 바운싱 현상이 전혀 발생하지 않는다.

바운싱 현상이 문제가 되지 않을 때도 있다. 버튼을 누르고 있는 동안 LED를 켜는 스케치 6-04가 그 예이다. 다만, 이런 식으로 아두이노를 사용할 일은 없다. 어디까지나 이론적인 예일 뿐이다.

```
//sketch 6-04

const int inputPin = 5;
const int ledPin = 13;

void setup()
{
    pinMode(ledPin, OUTPUT);
    pinMode(inputPin, INPUT_PULLUP);
}

void loop()
{
    int switchOpen = digitalRead(inputPin);
    digitalWrite(ledPin, ! switchOpen);
}
```

스케치 6-04의 **loop** 함수는 디지털 입력을 읽어 그 값을 **switchOpen** 변수에 대입한다. 이 값은 버튼이 눌린 상태이면 0이고, 눌리지 않은 상태이면 1이다(버튼을 누르지 않은 상태에서는 핀이 1로 풀업되기 때문).

digitalWrite를 사용하여 LED를 켜거나 끌 때는 이 값을 반대로 적용해야 한다. 이런 경우에 !, 즉 not 연산자를 사용한다.

이 스케치를 업로드하고 D5와 GND를 연결하면(그림 6-9 참고) 아두이노 보드의 주황색 LED가 켜진다. 이때도 바운싱 현상이 발생하기는 하지만 육안으로 식별할 수 없을 정도로 속도가 빨라 문제가 되지는 않는다.

스위치 하나로 LED를 켜고 끌 때는 바운싱 현상이 문제가 될 수 있다. 가령, 버튼을 한 번 누르면 LED가 켜진 채로 유지되다가 다시 한 번 누르면 LED가 꺼진다고 가정하면 버튼에서 발생하는 바운싱 현상 횟수의 홀짝에 따라 LED가 켜지거나 꺼지게 될 것이다.

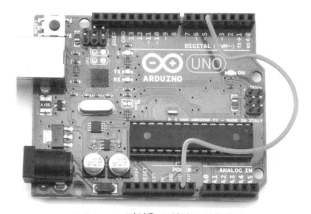

그림 6-9 | 전선을 스위치로 사용하기

스케치 6-05는 디바운싱 없이 LED를 켜고 끄는 스케치이다. 핀 D5와 GND 사이에 스위치를 연결하고 이 스케치를 실행해 보자.

```
// sketch 6-05

const int inputPin = 5;
const int ledPin = 13;
int ledValue = LOW;

void setup()
{
    pinMode(inputPin, INPUT_PULLUP);
```

```
    pinMode(ledPin, OUTPUT);
}

void loop()
{
    if (digitalRead(inputPin) == LOW)
    {
        ledValue = ! ledValue;
        digitalWrite(ledPin, ledValue);
    }
}
```

이 스케치를 실행하면 아마도 LED가 켜졌다 꺼졌다를 반복하기도 하고 그렇게 보이지 않을 때도 있다. 바로 바운싱 현상 때문이다.

이 문제를 간단하게 해결할 수 있다. 첫 번째 버튼 누름이 감지되면 스케치 6-06에서처럼 지연 시간을 추가한다.

```
// sketch 6-06
const int inputPin = 5;
const int ledPin = 13;
int ledValue = LOW;

void setup()
{
    pinMode(inputPin, INPUT_PULLUP);
    pinMode(ledPin, OUTPUT);
}

void loop()
{
    if (digitalRead(inputPin) == LOW)
    {
        ledValue = ! ledValue;
        digitalWrite(ledPin, ledValue);
        delay(500);
    }
}
```

이렇게 delay 함수를 사용하면 500밀리초 동안 아무 일도 일어나지 않게 되며, 결과적으로 바운싱 현상도 진정되기 때문에 LED가 훨씬 더 안정적으로 켜졌다 꺼졌다를 반복한다. 한 가지 흥미로운 부작용이 있다. 버튼을 누르고 있으면 LED가 계속 깜박인다.

스케치만 따지고 보면 이런 지연 시간은 문제가 되지 않는다. 하지만 **loop** 함수에서 하는 일이 더 있다면 문제가 될 수 있다. 가령, 500밀리초 동안 다른 버튼 눌림은 감지되지 못한다.

따라서 이런 접근 방식으로는 충분하지 않을 때가 있으며 좀 더 정교하게 스케치를 작성해야 한다. 디바운싱 코드를 직접 작성할 수도 있겠지만 과정이 복잡하다. 다행히 다른 개발자가 작성해 놓은 코드를 가져다 사용할 수 있다.

그들의 코드를 활용하려면 아두이노 애플리케이션에 라이브러리를 추가해야 한다. 라이브러리는 http://www.arduino.cc/playground/Code/Bounce에서 깃허브(GitHub) 링크가 사용된 zip 파일 형태로 다운로드할 수 있다. 다운로드가 완료된 Bounce2-master.zip 파일을 아두이노에 설치하려면 그림 6-10처럼 스케치 메뉴에서 .ZIP 라이브러리 추가 옵션을 선택한다.

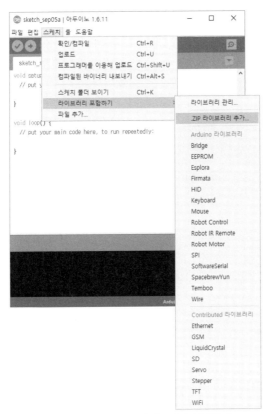

그림 6-10 | **Bounce 라이브러리 설치하기**

Bounce 라이브러리를 사용하는 방법은 스케치 6-07을 참고한다. 이 스케치를 보드에 업로드하면 LED가 안정적으로 토글되는 모습을 확인할 수 있다.

```
//sketch 06-07

#include <Bounce2.h>

const int inputPin = 5;
const int ledPin = 13;

int ledValue = LOW;
Bounce bouncer = Bounce();
```

```
void setup()
{
    pinMode(inputPin, INPUT_PULLUP);
    pinMode(ledPin, OUTPUT);
    bouncer.attach(inputPin);
}

void loop()
{
    if (bouncer.update() && bouncer.read() == LOW)
    {
        ledValue = ! ledValue;
        digitalWrite(ledPin, ledValue);
    }
}
```

라이브러리 사용 방법은 상당히 직관적이다. 먼저 살펴볼 코드는 다음 행이다.

```
#include <Bounce2.h>
```

Bounce 라이브러리를 사용하겠다고 컴파일러에 알리는 행이다.

다음 행도 눈에 띈다.

```
Bounce bouncer = Bounce();
```

이 행은 사실 C가 아니라 C++이기 때문에 지금은 신경 쓰지 않아도 된다. C++ 언어에 대해서는 12장부터 살펴볼 것이므로, 지금 당장은 **bouncer** 객체를 생성한 코드라는 사실만 이해하면 된다.

setup 함수의 새 코드는 attach 함수를 사용하여 **bouncer**와 **inputPin**을 연결한다. 이제부터는 디지털 입력을 직접 읽지 않고 이 **bouncer** 객체를 사용하여 스위치에서 어떤 일이 일어나는지 알 수 있다. 다시 말해, 이 객체를 사용하여 입력 핀과 관련된 디바운싱 작업을 처리하는 것이다. 따라서 버튼의 눌림 여부는 다음과 같이 조금 복잡한 코드를 통해 결정된다.

```
if (bouncer.update() && bouncer.read() == LOW)
```

update 함수는 **bouncer** 객체가 변경되면 1을 리턴하며, if의 두 번째 부분은 버튼이 LOW 상태인지 판단한다.

아날로그 출력

일부 디지털 핀(3, 5, 6, 9, 10, 11번)은 5V나 0V가 아닌 출력도 제공할 수 있다. 이들 핀 옆에는 ~ 기호나 PWM이 표시되어 있다. PWM은 Pulse Width Modulation(펄스 폭 변조)을 줄인 말로 출력량을 제어할 때 사용되는 기술이다. 출력을 빠르게 켜고 끄는 방법을 통해 출력 용량이 제어된다.

펄스는 초당 980회인 5번과 6번 핀을 제외하면 언제나 초당 500회 정도로 일정하게 전달되지만 펄스의 길이는 가변적이다. PWM을 사용하여 LED의 밝기를 제어할 경우, 펄스가 길면 LED는 항상 켜진 상태가 된다. 하지만 펄스가 짧으면 LED가 아주 짧은 시간 동안에만 켜지므로 LED가 깜박였는지조차 모를 수도 있으며, LED가 조금 더 밝아지거나 어두워지는 정도로만 나타날 수도 있다.

멀티미터를 사용하여 LED를 테스트부터 하는 것이 좋다. 먼저 그림 6-11과 같이 GND와 D3 핀 사이의 전압을 측정할 수 있도록 멀티미터를 설정한다.

그림 6-11 | 아날로그 출력 측정하기

이제 스케치 6-08을 보드에 업로드하고 시리얼 모니터를 연다(그림 6-12 참고). 3을 입력하고 Enter를 누른다. 멀티미터 액정에 3V에 가까운 값이 표시될 것이다. 0부터 5 사이의 다른 값도 테스트할 수 있다.

```
//sketch 06-08

const int outputPin = 3;

void setup()
{
    pinMode(outputPin, OUTPUT);
    Serial.begin(9600);
    Serial.println("Enter Volts 0 to 5");
}

void loop()
{
    if (Serial.available() > 0)
    {
        float volts = Serial.parseFloat();
        int pwmValue = volts * 255.0 / 5.0;
        analogWrite(outputPin, pwmValue);
    }
}
```

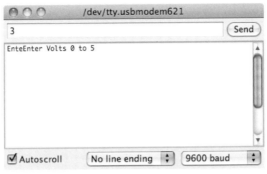

그림 6-12 | 아날로그 출력으로 전압 설정하기

이 프로그램은 원하는 전압(0에서 5 사이)에 255/5를 곱해 0부터 255 사이로 PWM 출력 값을 결정한다. (위키백과에서 PWM에 대한 세부 설명을 참고하기 바란다.)

analogWrite 함수를 사용하여 출력 값을 0부터 255 사이로 설정할 수 있다. 여기서 0은 꺼짐 상태를, 255는 최대 출력을 의미한다. 이는 실제로 LED의 밝기를 효율적으로 제어하는 방법이다. LED에 공급되는 전압을 변경하여 밝기를 제어해 보면, 2V 가까이 되기 전까지는 아무 변화도 없다가 갑자기 LED가 매우 밝아지는 것을 경험할 수 있을 것이다. PWM을 통해 밝기를 제어하면서 LED가 켜져 있는 평균 시간을 다양하게 변경하면 밝기를 훨씬 선형적으로 제어할 수 있다.

아날로그 입력

디지털 입력은 아두이노 보드의 특정 핀에서 어떤 일이 발생하는지에 대해 on 또는 off라는 결과과만 제공한다. 반면, 아날로그 입력은 아날로그 입력 핀의 전압에 따라 0에서 1023 사이의 값을 제공한다.

프로그램에서 아날로그 입력을 읽을 때는 **analogRead** 함수를 사용한다. 스케치 6-09는 0.5초마다 아날로그 핀 A0의 실제 전압을 읽어 시리얼 모니터에 표시한다.

이 스케치를 업로드하고 시리얼 모니터를 열면 어떤 값이 표시되는지 그림 6-13처럼 확인할 수 있다.

```
//sketch 6-09

const int analogPin = 0;

void setup()
{
    Serial.begin(9600);
}

void loop()
{
    int reading = analogRead(analogPin);
    float voltage = reading / 204.6;
    Serial.print("Reading=");
    Serial.print(reading);
    Serial.print("\t\tVolts=");
    Serial.println(voltage);
    delay(500);
}
```

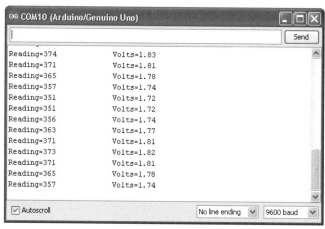

그림 6-13 | 아두이노 우노에서 전압 측정하기

이 스케치를 실행하면 판독 값이 조금씩 바뀌는 것을 알 수 있다. 이는 디지털 입력일 때처럼 입력이 플로팅 상태에 있기 때문이다.

이번에는 전선 한쪽 끝을 GND 소켓에 밀어 넣어 A0가 GND에 연결되도록 한다. 판독 값이 계속 0으로 표시될 것이다. GND에 꽂았던 전선을 5V 소켓으로 옮기면 최대 판독 값인 1023에 가까운 값이 계속 표시될 것이다. 따라서 아두이노 보드의 3.3V 소켓에 A0를 연결하면 3.3V에 가까운 값들이 표시될 것이다.

204.6이라는 값은 1023을 5로 나눈 결과이다. 1023은 아날로그 입력의 최댓값이고, 5로 나눈 것은 5가 최대 전압이기 때문이다. **Serial.print**는 새 행을 시작하지 않고 시리얼 모니터에 메시지를 전송할 때 사용한다. 메시지에 포함된 \t는 표시되는 숫자들의 열을 맞추기 위해 탭을 적용할 때 사용한다.

정리

이 장에서는 아두이노 보드의 입출력 신호와 관련된 기본적인 내용을 살펴보았다. 다음 장에서는 아두이노 표준 라이브러리에서 제공하는 기능들을 일부 살펴볼 것이다.

7 아두이노 표준 라이브러리

아두이노 표준 라이브러리는 실로 다양한 기능이 모여 있는 곳이다. 지금까지는 C 언어의 핵심 기능만을 사용했지만 실제 스케치에서는 수많은 함수들이 필요하다.

이 중에서 **pinMode**, **digitalWrite**, **analogWrite** 등 일부 함수는 이미 앞에서 살펴보았다. 하지만 지금까지는 빙산의 일각만 본 셈이다. 산술 연산을 수행하고, 난수를 만들고, 비트를 조작하고, 입력 핀의 펄스를 감지하고, 인터럽트를 사용하는 함수 등 다양한 작업에서 다양한 방법으로 많은 종류를 활용할 수 있다.

아두이노 언어는 Wiring이라는 초기 라이브러리를 기반으로 개발되었으며, 나중에 Processing이라는 또 다른 라이브러리로 보완되었다. Wiring과 상당히 비슷한 Processing 라이브러리는 C 언어가 아닌 Java 언어가 기반이며, USB를 통해 아두이노에 연결할 때 사용된다. 실제로 아두이노 IDE 애플리케이션도 Processing을 기반으로 개발된 것이다. 컴퓨터에서 아두이노와 통신할 때 좀 더 멋진 인터페이스를 만들고 싶다면 Processing 사이트(www.processing.org)를 둘러보기 바란다.

난수

PC를 사용해 본 사람이라면 이의를 제기할지 모르겠지만 사실 컴퓨터는 예측 가능성이 매우 높다. 그래도 때로는 의도적으로 아두이노를 예측 불가능하게 만들 필요도 있다. 가령, 임의로 정한 시간 동안 한 방향으로 이동하다 갑자기 임의로 방향을 바꾸고 다시 이동하는 방식으로 방·안을 아무렇게나 돌아다니는 로봇을 만들 수도 있다. 혹은 1과 6 사이에서 아무 숫자나 내놓는 아두이노 기반 주사위를 만들 수도 있다.

아두이노 표준 라이브러리가 바로 이런 작업에 필요한 기능을 제공한다. 구체적으로는 **random**이라는 함수가 해당 기능을 제공한다. **random** 함수는 int를 리턴하고 인수를 한두 개 받는다. 인수가 하나일 때는 0과 받은 인수에서 1을 뺀 값 사이의 난수를 리턴한다.

인수가 둘일 때는 첫 번째 인수와 두 번째 인수에서 1을 뺀 값 사이의 난수를 리턴한다. 예를 들어, random(1, 10)은 1에서 9 사이의 난수가 리턴된다.

스케치 7-01은 1과 6 사이의 난수를 시리얼 모니터에 표시한다.

```
//sketch 7-01

void setup()
{
    Serial.begin(9600);
}

void loop()
{
    int number = random(1, 7);
    Serial.println(number);
    delay(500);
}
```

이 스케치를 아두이노 보드로 업로드하고 시리얼 모니터를 열면 그림 7-1과 비슷한 결과를 확인할 수 있다.

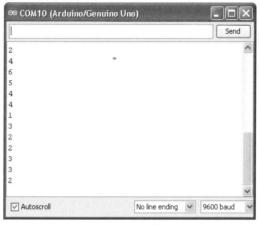

그림 7-1 | 난수

그런데 이 스케치를 몇 번 실행해 보면 아마도 스케치를 실행할 때마다 '같은 순서로 동일한' 난수가 생성된다는 사실에 놀랄 수도 있다.

결론부터 말하면 여기서 난수는 진짜 임의의 수가 아니다. 엄밀히는 의사 난수(pseudo-random number)라고 부른다. 무작위 분포의 형태를 띠기 때문이다. 다시 말해, 이 스케치를 매우 많이 실행해서 수백만 개의 숫자를 모으면 해당 범위에 들어 있는 각 숫자의 비율이 거의 동일해진다. 따라서 예측 불가능이라는 측면에서 엄밀하게 따지자면 난수가 아닌 것이다. 사실 이와 같은 마이크로컨트롤러의 작동 탓에 사람의 직접적인 개입 없이는 난수 생성이 불가능하다.

여기서 말하는 개입이란 숫자들의 순서를 좀 더 예측하기 어렵게 만들기 위한 과정, 즉 난수 발생기에 시드를 제공하는(seeding) 조치를 의미한다. 다시 말해 숫자들의 순서에 시작점을 제공하는 것이다. 하지만 곰곰이 생각해 보면 난수 생성기에 시드를 제공하기 위해 난수를 사용한다는 것은 모순이다. 이를 해결하기 위해

한 가지 트릭을 사용할 수 있다. (이전 장에서 다룬) 아날로그 입력의 플로팅 현상을 활용하여 아날로그 입력에서 읽은 값을 난수 생성기의 시드로 제공하자는 것이다.

이때 사용할 수 있는 함수가 **randomSeed**이다. 스케치 7-02는 난수 생성기의 임의성을 어떻게 하면 더 높일 수 있는지 보여 준다.

```
//sketch 7-02

void setup()
{
    Serial.begin(9600);
    randomSeed(analogRead(0));
}

void loop()
{
    int number = random(1, 7);
    Serial.println(number);
    delay(500);
}
```

엔터를 여러 번 눌러 보자. 표시되는 난수의 순서가 엔터를 누를 때마다 달라지는 결과를 확인할 수 있을 것이다.

이런 난수 생성 방식은 복권 추첨에 사용하기에는 역부족이다. 훨씬 더 강력한 난수 생성 기능이 필요하다면 우주선(cosmic ray)과 같은 임의 발생을 바탕으로 작동하는 하드웨어 난수 생성기를 사용해야 한다.

수학 함수

드물기는 하지만 아두이노에서 간단한 산술 연산 이상의 복잡한 수식을 계산해야할 때도 있다. 이를 위해 아두이노는 갖가지 수학 함수를 모아 라이브러리로 제공하고 있다. 그중에서 몇 가지 유용한 함수를 소개하고자 한다.

함수	설명	예
abs	어떤 값을 부호 없는 값으로 바꿔 리턴한다.	abs(12)는 12를 리턴한다. abs(-12)는 12를 리턴한다.
constrain	어떤 숫자가 허용 범위를 넘지 않도록 제한한다. 첫 번째 인수는 제한할 숫자이고, 두 번째는 범위의 시작 값이며, 세 번째는 허용 범위의 마지막 값이다.	constrain(8, 1, 10)은 8을 리턴한다. constrain(11, 1, 10)은 10을 리턴한다. constrain(0, 1, 10)은 1을 리턴한다.
map	어떤 범위 안에 있는 숫자를 다른 범위 안의 숫자로 매핑한다. 첫 번째 인수는 매핑할 숫자이고, 두 번째와 세 번째는 매핑할 숫자의 '원래 범위'이고, 나머지 두 인수는 매핑될 '새 범위'이다. 이 함수는 아날로그 입력 값을 매핑할 때 유용하다.	map(x, 0, 1023, 0, 5000)은 0에서 1023까지라는 범위가 0에서 5000까지의 범위로 매핑된다. x는 새 범위에 따라 값이 변경된다.
max	두 인수 중 더 큰 것을 리턴한다.	max(10, 11)은 11을 리턴한다.
min	두 인수 중 더 작은 것을 리턴한다.	min(10, 11)은 10을 리턴한다.
pow	첫 번째 인수를 두 번째 인수만큼 거듭제곱한 값을 리턴한다.	pow(2, 5)는 32를 리턴한다.
sqrt	어떤 숫자의 제곱근을 리턴한다.	sqrt(16)은 4를 리턴한다.
sin, cos, tan	삼각함수를 수행한다. 자주 사용되지는 않는다.	
log	가령, 서미스터에서 온도를 계산할 때 사용한다.	

비트 조작

비트(bit)는 binary digit의 줄임말로서 0이나 1을 나타내는 한 자리 숫자를 말한다. 대개 16비트로 구성된 **int** 변수를 사용하지만, 참이나 거짓(1이나 0) 같은 값을 저장할 때는 낭비나 다름없다. 사실, 메모리가 부족하지 않다면 낭비보다 더 심각한 문제는 이해하기 힘든 코드이지만, 데이터를 가볍게 유지, 관리하는 일은 여러모로 바람직하다.

int의 각 비트는 그에 해당하는 10진수 값을 가지고 있다고 생각할 수 있다. 따라서 1로 설정된 모든 비트의 값을 더하면 **int**의 10진수 값을 구할 수 있다. 가령, 그림 7-2에서는 38이 된다. 그리고 음수는 다소 복잡한 과정을 거치지만 가장 왼쪽 비트가 1이어야 한다.

16384	8192	4096		2048	1024	512	256		128	64	32	16		8	4	2	1
0	0	0	0	0	0	0	0	0	0	1	0	0	1	1	0

$$32 + 4 + 2 = 38$$

그림 7-2 | **int**

비트를 따로따로 생각하면 10진수를 떠올리기가 곤란해진다. 가령, 10진수 123에 해당하는 2진수에서 어느 비트가 1로 설정되었는지를 시각적으로 표현하기가 매우 어려운 탓이다. 이 때문에 프로그래머들은 16진수(hexadecimal 또는 hex)를 사용한다. 16진수는 밑이 16이기 때문에 0부터 9뿐만 아니라 A부터 F까지 총 16개의 숫자를 사용한다. 따라서 4비트씩 묶어 16진수 한 자리로 나타낼 수 있다. 다음은 0부터 15까지를 10진수, 16진수, 2진수로 나타낸 표이다.

10진수	16진수	2진수(4비트)	10진수	16진수	2진수(4비트)
0	0	0000	8	8	1000
1	1	0001	9	9	1001
2	2	0010	10	A	1010
3	3	0011	11	B	1011
4	4	0100	12	C	1100
5	5	0101	13	D	1101
6	6	0110	14	E	1110
7	7	0111	15	F	1111

이와 같이 16진수로 표현된 모든 **int**는 2진수 네 가지로 표현할 수 있다. 예를 들면, 2진수 10001100은 16진수로 8C가 된다. C 언어에는 16진수를 사용하기 위한 특별한 문법이 제공되며, **int**에 16진수 값을 할당하는 방법은 다음과 같다.

```
int x = 0x8C;
```

16진수 표기법이 제공된다면 2진수 표기법도 사용할 수 있을 것이다. 2진수를 표현할 때는 '0b'를 접두어처럼 붙인다. 예를 들어 0x8C라는 16진수에 2진수 표기법을 적용하면 다음처럼 나타낼 수 있다.

```
0b10001100
```

아두이노 표준 라이브러리는 **int**의 16비트를 개별적으로 조작할 수 있는 함수도 몇 가지 제공한다. **bitRead** 함수는 **int**의 특정 비트 값을 리턴한다. 따라서 다음 예에서는 **bit**라는 변수에 0이 대입된다.

```
int x = 0b10001100;
int bit = bitRead(x, 0);
```

두 번째 인수는 비트의 위치를 나타내며, 0에서 15까지 지정될 수 있다. 비트의 위치는 오른쪽부터 순서가 매겨진다. 따라서 가장 오른쪽 비트는 0번 비트이고, 왼쪽으로 그다음 비트는 1번 비트가 되는 식이다.

bitRead 함수가 있다면 **bitWrite** 함수도 있을 것이라고 충분히 예상할 수 있다. **bitWrite** 함수는 인수를 세 개나 사용하는데, 첫째는 조작할 숫자이고, 둘째는 비트 위치, 셋째는 비트 값이다. 다음은 **int** 값을 2에서 3으로 변경하는(10진수 또는 16진수) 예이다.

```
int x = 0b10;
bitWrite(x, 0, 1);
```

고급 I/O

여기서는 각종 입출력 작업을 수행할 때 도움이 되는 유용한 함수 몇 가지를 소개하고자 한다.

신호음 생성하기

tone 함수는 디지털 출력 핀에 방형파를 생성한다(그림 7-3 참고). 방형파를 어디에 사용할까? 주로 스피커나 버저로 신호음을 만들 때 사용된다.

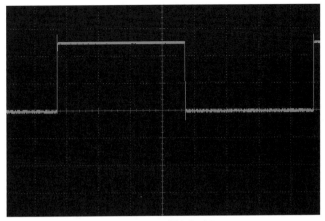

그림 7-3 │ **방형파 신호**

이 함수는 인수를 두 개도 받을 수 있고 세 개도 받을 수 있다. 첫 번째 인수는 신호음이 생성될 핀의 번호이고, 두 번째 인수는 신호음의 주파수(Hz 단위)이며, 옵션인 세 번째 인수는 신호음의 지속 시간이다. 지속 시간이 지정되지 않으면 신호음은 멈추지 않는다. 이는 스케치 7-03에서 확인할 수 있다. 이런 이유에서 **tone** 함수를 **loop**가 아닌 **setup**에 두었다.

```
//sketch 7-03

void setup()
{
    tone(4, 500);
}

void loop() {}
```

신호음을 중지하려면 **noTone** 함수를 사용한다. 이 함수의 인수는 신호음이 재생되고 있는 핀의 번호뿐이다.

시프트 레지스터 사용하기

아두이노 우노 보드를 사용하다 보면 핀이 부족할 때도 있다. 가령, 많은 LED를 조작하는 경우가 대표적인데, 이럴 때 흔히 사용되는 부품이 바로 시프트 레지스터 (shift register) 칩이다. 이 칩은 한 번에 한 비트씩 데이터를 읽으면서 충분한 수준에 도달하면 읽어 들인 모든 비트를 하나의 출력 세트로 묶는다.

이 기술은 간편한 **shiftOut** 함수를 통해서 이용할 수 있다. 이 함수는 총 네 개의 인수를 받는다.

- 각 비트를 출력할 핀의 번호
- 클록 핀으로 사용할 핀의 번호. 이 핀은 비트가 전송될 때마다 토글된다.
- 비트를 맨 왼쪽부터 이동할지 아니면 맨 오른쪽부터 이동할지를 결정하는 플래그. **MSBFIRST**와 **LSBFIRST**라는 두 상수 중 하나여야 한다.
- 전송할 데이터의 양(바이트 단위)

인터럽트

큰 프로그램을 작성하던 프로그래머들은 아두이노가 한 번에 하나의 작업만 수행할 수 있다는 점 때문에 실망하기도 한다. 여러분도 아두이노 프로그램에서 여러 스레드를 동시에 실행하려고 했다면 아쉬움이 클 것이다. 일부 개발자가 여러 스레드를 동시에 실행할 수 있는 프로젝트를 개발하기도 했지만 아두이노를 사용할 때 이 기능이 필요한 상황은 많지 않다. 다만, 아두이노에서는 인터럽트(interrupt)를 이 기능과 가장 유사한 대안으로 사용할 수 있다.

아두이노 보드의 D2와 D3 핀에는 인터럽트 기능을 설정할 수 있다. 다시 말해, 이 두 핀이 입력 핀으로 설정되고 미리 지정된 방식으로 어떤 신호(인터럽트)를 받으면,

아두이노 프로세서는 하던 일을 잠시 중단하고 그 인터럽트에 연결된 함수를 실행한다.

스케치 7-04에서는 LED를 깜빡이다 인터럽트를 수신하면 깜빡이는 시간 간격을 변경한다. 인터럽트를 시뮬레이션하려면, 우선 D2 핀과 GND를 전선으로 연결하고 내장 풀업 저항기를 사용하여 이 인터럽트를 줄곧 HIGH 상태로 유지하면 된다.

```
//sketch 7-04

const int interruptPin = 2;
const int ledPin = 13;
int period = 500;

void setup()
{
    pinMode(ledPin, OUTPUT);
    pinMode(interruptPin, INPUT_PULLUP);
    attachInterrupt(0, goFast, FALLING);
}

void loop()
{
    digitalWrite(ledPin, HIGH);
    delay(period);
    digitalWrite(ledPin, LOW);
    delay(period);
}

void goFast()
{
    period = 100;
}
```

다음은 이 스케치의 **setup** 함수에서 핵심 코드이다.

```
attachInterrupt(0, goFast, FALLING);
```

첫 번째 인수는 사용할 인터럽트를 지정한다. 조금 혼란스럽겠지만 여기서 0은 2번 핀을 사용하겠다는 의미이고, 1은 3번 핀을 사용하겠다는 의미이다.

두 번째 인수는 인터럽트가 발생했을 때 호출할 함수의 이름이며, 마지막 인수는 **CHANGE, RISING, FALLING**이라는 세 가지 상수 중 하나로 지정된다. 그림 7-4에 이 옵션들을 정리했다.

인터럽트 모드가 **CHANGE**이면, **RISING**을 0에서 1로 변경하거나 **FALLING**을 1에서 0으로 변경하여 인터럽트를 발생시킬 수 있다.

인터럽트를 사용하지 않으려면 **noInterrupts** 함수를 사용한다. 이 함수는 두 인터럽트 채널에서 모든 인터럽트를 중지시킨다. 나중에 인터럽트를 다시 사용하려면 **interrupts** 함수를 호출한다.

아두이노 보드마다 인터럽트에 사용되는 핀도 다르고 인터럽트의 이름도 다르다. 따라서 아두이우 우노가 아닌 다른 보드에서는 http://www.arduino.cc에서 관련 내용을 찾아보기 바란다.

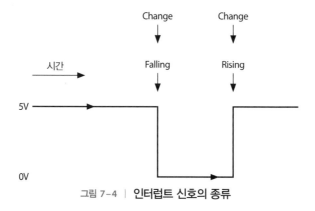

그림 7-4 | **인터럽트 신호의 종류**

정리

이 장에서는 아두이노 표준 라이브러리에서 제공하는 몇 가지 간편한 기능들을 살펴보았다. 이들을 잘 활용하면 더욱더 효과적으로 프로그래밍할 수 있을 것이다. 또한 다른 사람들이 개발한 고급 기능을 사용할 수 있다는 것도 또 하나의 장점이라 할 수 있다.

다음 장에서는 5장에서 배웠던 데이터 구조에 대해 좀 더 자세히 알아보고 전원을 끈 뒤에도 아두이노가 어떻게 데이터를 기억하는지에 대해서도 살펴볼 것이다.

8 데이터 저장소

변수에 값이 지정되면 아두이노 보드는 전원이 켜져 있는 동안
에만 그 값을 기억한다. 전원을 끄거나 보드를 리셋하면 모든
데이터가 바로 사라진다.

이 장에서는 이런 데이터를 유지하기 위한 몇 가지 방법을 설명한다.

상수

저장하려는 데이터가 변경되지 않는다면 아두이노가 시작될 때마다 데이터를 설정
해 둘 수 있다. 스케치 5-05의 모스부호 변환기에서 사용했던 letters 배열이 이런
데이터이다.

그 스케치에서는 다음 코드를 사용하여 적합한 크기의 변수를 정의하고 필요한 데
이터를 채웠었다.

```
char* letters[] = {
    ".-", "-...", "-.-.", "-..", ".",
      "..-.", "--.", "....", "..",    // A-I
    ".---", "-.-", ".-..", "--", "-.",
      "---", ".--.", "--.-", ".-.",   // J-R
    "...", "-", "..-", "...-", ".--",
      "-..-", "-.--", "--.."          // S-Z
};
```

그리고 2K밖에 되지 않는 메모리를 아끼려고 데이터에 사용될 메모리 양을 꼼꼼히 계산했던 것도 기억할 것이다. 하지만 메모리 용량이 여의치 않다면 프로그램 저장용 32K 플래시 메모리에 데이터를 저장하는 것도 좋은 방법이다. 다만, 플래시 메모리에 데이터를 저장하려면 **PROGMEM**이라는 지시어를 사용해야 한다. 이 지시문은 라이브러리로 제공되며 사용하기가 조금 까다롭다.

플래시 메모리에 데이터 저장하기

데이터를 플래시 메모리에 저장하려면 다음과 같이 **PROGMEM** 라이브러리를 추가해야 한다.

```
#include <avr/pgmspace.h>
```

이 명령의 목적은 현재 스케치에서 **pgmspace** 라이브러리를 사용하겠다고 컴파일러에 알려주는 것이다. 여기서 라이브러리는 다른 사람이 작성해 놓은 함수의 집합이며, 그 함수들이 어떻게 작동하는지 정확히 알지 못하더라도 편리하게 가져다 사용할 수 있다.

이제 라이브러리를 사용하겠다고 알렸으므로 **PROGMEM** 키워드와 **pgm_read_word** 함수도 사용할 수 있다.

공식적으로 지원되는 아두이노 라이브러리인 이 라이브러리는 아두이노 소프트웨어로 함께 제공된다. 이런 공식 라이브러리를 비롯하여 일반 개발자가 다른 사람들을 위해 작성한 수많은 비공식 라이브러리를 인터넷에서 구할 수 있다. 단, 비공식 라이브러리는 아두이노 환경에 설치하는 과정을 거쳐야 사용할 수 있다. 라이브러리를 사용하는 방법이나 나아가 직접 작성하는 방법은 11장에서 설명하고 있다.

PROGMEM을 사용할 때는 **PROGMEM** 친화적인 특별한 데이터 타입을 사용해야 한다. 아쉽게도 길이가 저마다 다른 **char** 배열은 이 데이터 타입에 해당하지 않는다. 하지만 **char** 배열이라고 해도 그 크기가 고정돼 있다면 **PROGMEM**을 사용할 수 있다. 전체 프로그램은 스케치 5-05와 상당히 비슷하다. 이제 스케치 5-05에서 변경된 스케치 8-01 코드를 살펴보자.

maxLen이라는 새로운 상수가 등장한다. 이 상수에는 어떤 한 문자의 도트와 대시에 널(null) 문자의 길이, 즉 1을 더한 전체 길이가 담긴다.

따라서 글자들을 담는 구조는 다음과 같다.

```
PROGMEM const char letters[26][maxLen] = {
    ".-", "-...", "-.-.", "-..", ".", "..-.", "--.", "....", "..",    // A-I
    ".---", "-.-", ".-..", "--", "-.", "---", ".--.", "--.-", ".-.",  // J-R
    "...", "-", "..-", "...-", ".--", "-..-", "-.--", "--.."          // S-Z
};
```

PROGMEM 키워드는 데이터 구조를 플래시 메모리에 저장하라는 의미이다. 플래시 메모리에 저장된 이후에 변경될 일이 없는 이런 상수는 저장만 하면 된다. 그런 이유에서 **const**를 사용했다. 이 배열의 크기는 도트와 대시의 **maxLen**(- 1)에 따라 26개의 글자로 지정되었다.

loop 함수도 살짝 바뀌었다.

```
void loop()
{
    char ch;
    char sequence[maxLen];
    if (Serial.available() > 0)
    {
        ch = Serial.read();
        if (ch >= 'a' && ch <= 'z')
        {
            memcpy_P(&sequence, letters[ch - 'a'], maxLen);
            flashSequence(sequence);
        }
        else if (ch >= 'A' && ch <= 'Z')
        {
            memcpy_P(&sequence, letters[ch - 'A'], maxLen);
            flashSequence(sequence);
        }
        else if (ch >= '0' && ch <= '9')
        {
            memcpy_P(&sequence, numbers[ch - '0'], maxLen);
            flashSequence(sequence);
        }
        else if (ch == ' ')
        {
            delay(dotDelay * 4);   // 단어 사이의 간격
        }
    }
}
```

데이터가 문자열의 배열처럼 보이지만, 실제 내부적으로는 **memcp_P**라는 특별한 함수로 액세스만 할 수 있는 방식으로 플래시 메모리에 저장되었다. 이 함수는 플래시 데이터를 **sequence**라는 **char** 배열에 복사한다. **char** 배열은 **maxSize** 문자들로 초기화된다.

sequence 앞의 & 문자는 **memcp_P**가 **sequence** 문자 배열의 데이터를 수정할 수 있다는 의미이다.

스케치 08-01은 코드가 조금 길어 여기에 싣지는 않았지만 스케치를 로드해서 실행해 보면 RAM 기반 버전과 같은 방식으로 작동한다는 것을 확인할 수 있을 것이다.

데이터를 생성하는 방법도 특별하지만 데이터를 읽을 때도 특별한 방법을 사용해야 한다. 배열에서 모스부호 문자열을 가져오려면 다음과 같이 수정해야 한다.

```
strcpy_P(buffer, (char*)pgm_read_word(&(letters[ch - 'a'])));
```

PROGMEM 문자열을 **buffer** 변수에 복사하여 넣으면 일반적인 **char** 배열로 사용할 수 있다. 그러려면 일단 다음과 같이 전역 변수로 정의해야 한다.

```
char buffer[6];
```

이 방법은 데이터가 상수인 경우에만 사용할 수 있다. 다시 말해, 스케치를 실행하는 동안 데이터는 변경되지 않아야 한다. 다음 절에서는 변경될 수 있는 지속적 데이터를 저장하기 위한 EEPROM 메모리 사용 방법에 대해 살펴볼 것이다.

아두이노 C는 시리얼 모니터에 출력할 메시지에 해당하는 개별 문자열에 적용할 수 있는 간편한 지름길을 제공하고 있다. 다음과 같이 F() 안에 문자열을 큰따옴표로 묶으면 된다.

```
Serial.println(F("Hello World"));
```

이 문자열은 램이 아닌 플래시 메모리에 저장된다.

EEPROM

아두이노 우노 보드의 심장에 해당하는 ATMega328에는 1KB의 EEPROM(Electrically Erasable Programmable Read-Only Memory)이 있다. EEPROM은 데이터를 오랫동안 기억할 수 있도록 설계한 메모리이다. 이름에 읽기 전용 메모리라는 말이 들어 있기는 하지만 실제로는 읽기 전용이 아니다. 이 메모리에도 데이터를 기록할 수 있다.

EEPROM을 읽거나 쓰기 위한 아두이노 명령들도 **PROGMEM** 관련 명령들과 마찬가지로 조금 까다롭다. EEPROM은 한 번에 1바이트씩 읽고 써야 하기 때문이다.

스케치 8-02는 시리얼 모니터를 통해 한 자리 문자 코드를 입력받아 이 문자 코드를 기억하고 시리얼 모니터로 반복해서 출력한다.

```
// sketch 8-02
#include <EEPROM.h>

int addr = 0;
char ch;

void setup()
{
  Serial.begin(9600);
  ch = EEPROM.read(addr);
}

void loop()
{
    if (Serial.available() > 0)
    {
        ch = Serial.read();
        EEPROM.write(0, ch);
        Serial.println(ch);
    }
    Serial.println(ch);
    delay(1000);
}
```

이 스케치를 테스트해 보자. 시리얼 모니터를 열고 새 문자를 입력한다. 아두이노 보드의 전원을 끊었다가 다시 연결한다. 시리얼 모니터를 다시 열면 앞에서 입력했던 문자가 다시 표시될 것이다. 이는 문자가 메모리에서 사라지지 않고 남아 있었다는 의미이다.

EEPROM.write 함수의 인수는 두 개이다. 첫 번째 인수는 EEPROM 내의 위치를 나타내는 0부터 1023 사이의 주소이고, 두 번째 인수는 해당 위치에 기록할 데이터이다. 이 데이터는 1바이트여야 한다. 문자 한 개는 8비트로 표현되기 때문에 괜찮지만 16비트인 **int**는 바로 저장할 수 없다.

EEPROM에 int 정수 저장하기

2바이트인 **int** 정수를 EEPROM의 위치 0과 1에 저장하는 코드는 다음과 같다.

```
int x = 1234;
EEPROM.write(0, highByte(x));
EEPROM.write(1, lowByte(x));
```

int 정수를 2바이트로 나누는 데는 **highByte** 함수와 **lowByte** 함수가 효과적이다. **int** 정수 1234가 EEPROM에 실제로 저장되는 모습을 그림 8-1에 나타내었다.

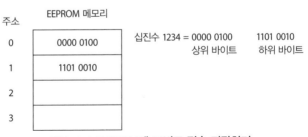

그림 8-1 │ **EEPROM에 16비트 정수 저장하기**

EEPROM에 저장되어 있는 int형 정수를 읽어 오려면 다음과 같이 EEPROM에서 두 개의 바이트 정보를 읽어 와서 하나의 int형 정수로 결합해야 한다.

```
byte high = EEPROM.read(0);
byte low = EEPROM.read(1);
int x = (high << 8) + low;
```

여기서 비트 이동을 담당하는 << 연산자는 상위 8바이트를 **int**의 앞쪽으로 옮기고 하위 바이트에 나머지를 추가한다.

AVR EEPROM 라이브러리 사용하기

아두이노가 제시하는 공식적인 EEPROM 사용법은 바이트 하나를 사용할 때에만 적용된다. 하지만 **int**의 경우처럼 데이터 타입이 커지면 그 사용법도 복잡해진다. 플로트(4바이트)를 다뤄야 한다면 상황은 더 복잡해진다. 다행히 아두이노에 제공되는 라이브러리 중 하나를 사용하면 대안을 찾을 수 있다. 바로 AVR EEPROM 라이브러리이다. 이 라이브러리를 사용하면 간단한 명령들을 사용하여 EEPROM에 많은 데이터도 읽고 쓸 수 있다.

스케치 8-03은 이 라이브러리를 사용하여 **int** 정수를 쓰고 읽는 예이다.

```
// sketch 08-03

#include <avr/eeprom.h>

void setup()
{
    Serial.begin(9600);
    int i1 = 123;
    eeprom_write_block(&i1, 0, 2);
    int i2 = 0;
    eeprom_read_block(&i2, 0, 2);
    Serial.println(i2);
```

```
}
void loop()
{
}
```

이 라이브러리는 실제로 아두이노 IDE에 포함되어 있다. 따라서 따로 설치해야 할 것이 없으므로, 라이브러리를 사용하려면 그렇겠다고 include만 작성하면 된다. EEPROM에 쓸 수 있는 함수는 **eeprom_write_block**인데, 이름이 의미하는 대로 EEPROM에 메모리 한 블록을 쓴다. 이 함수의 첫 번째 파라미터는 변수를 가리키는 참조이다. 여기서는 123이라는 값을 받은 **i1**이다. **i1** 앞에는 이 변수의 이름이 아닌 이 변수가 메모리에서 차지하는 주소를 가리키는 참조라는 의미로 &가 붙었다. 두 번째 파라미터는 EEPROM에서 쓰기가 수행될 블록의 시작 바이트이다. 마지막 파라미터는 쓸 바이트의 수(int는 2)이다.

EEPROM의 값을 다시 램(RAM) 변수(**i2**)로 읽을 때는 같은 파라미터들을 사용하여 쓰는 과정을 그대로 복제하면 된다.

EEPROM에 플로트 저장하기

EEPROM에 플로트를 저장하려면 AVR EEPROM 라이브러리를 사용하여 **int**를 저장할 때와 비슷한 과정을 진행한다. 스케치 8-04에서 이를 나타내었다.

```
// sketch 08-04

#include <avr/eeprom.h>

void setup()
{
    Serial.begin(9600);
    float f1 = 1.23;
    eeprom_write_block(&f1, 0, 4);
    float f2 = 0;
```

```
    eeprom_read_block(&f2, 0, 4);
    Serial.println(f2);
}

void loop()
{
}
```

int일 때와 가장 큰 차이는 **eeprom_write_block**과 **eeprom_read_block**의 마지막 파라미터가 4라는 점이다.

EEPROM에 문자열 저장하기

문자열을 EEPROM에 쓰거나 EEPROM에서 읽는 과정 또한 AVR EEPROM 라이브러리를 사용하여 깔끔하게 수행된다. 스케치 8-05는 그 예시로서 EEPROM에 암호를 읽고 쓰는 과정을 보여 주었다. 스케치에서는 우선 EEPROM에서 읽은 암호를 표시하고 새 암호를 입력하라고 요구한다(그림 8-2). 암호를 설정하면 아두이노에서 전원을 분리했다 다시 연결하고 시리얼 모니터를 연다. 이전 암호를 확인할 수 있을 것이다.

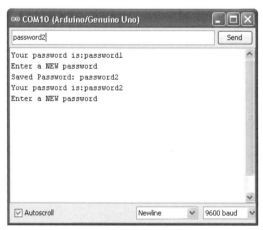

그림 8-2 | **EEPROM에 문자열 저장하기**

```
// sketch 08-05

#include <avr/eeprom.h>

const int maxPasswordSize = 20;

char password[maxPasswordSize];

void setup()
{
    eeprom_read_block(&password, 0, maxPasswordSize);
    Serial.begin(9600);
}

void loop()
{
    Serial.print("Your password is:");
    Serial.println(password);
    Serial.println("Enter a NEW password");
    while (!Serial.available()) {};
    int n = Serial.readBytesUntil('\n', password, maxPasswordSize);
    password[n] = '\0';
    eeprom_write_block(password, 0, maxPasswordSize);
    Serial.print("Saved Password: ");
    Serial.println(password);
}
```

문자 배열인 **password**는 크기가 20문자로 고정되며, 끝을 알리는 '\0'이 반드시 포함돼야 한다. **startup** 함수에서 EEPROM의 내용은 0번 위치에서 시작하며 **password**로 읽게 된다.

loop 함수는 필요한 메시지를 출력하고 **while** 루프는 시리얼 통신이 연결될 때까지 대기한다. 시리얼 통신이 연결되었는지는 **Serial.available**이 0 이외의 값을 리턴하는지로 알 수 있다. 시리얼 통신이 연결되면 **readBytesUntil** 함수가 문자들을 읽는다. '\n' 문자가 나타날 때까지 읽은 문자 바이트들은 **password char** 배열로 직행한다.

입력되는 암호의 길이를 예측할 수는 없으므로 바이트들을 읽은 결과는 n에 저장하고 **password**의 n번째 요소를 '\n'으로 설정하여 문자열의 끝으로 표시했다. 마지막으로 새 암호를 시리얼 모니터에 출력하여 암호의 변경을 확인할 수 있도록 했다.

EEPROM의 내용 지우기

EEPROM에 데이터를 쓸 때는 새 스케치를 업로드하더라도 EEPROM이 지워지지 않기 때문에 이전 프로젝트에서 사용하던 값들이 그대로 남았을 수 있다는 사실에 유의해야 한다. 스케치 8-06은 EEPROM의 모든 내용을 0으로 리셋하는 예이다.

```
// sketch 8-06
#include <EEPROM.h>

void setup()
{
    Serial.begin(9600);
    Serial.println("Clearing EEPROM")a;
    for (int i = 0; i < 1024; i++)
    {
        EEPROM.write(i, 0);
    }
    Serial.println("EEPROM Cleared");
}

void loop()
{
}
```

한 가지 더 유의해야 한다. EEPROM은 약 10만 번 정도 쓰기 작업을 한 이후에는 신뢰성이 떨어지기 때문에 반드시 필요한 경우에만 EEPROM에 값을 기록해야 한다. 또한 EEPROM은 1바이트를 기록하는 데 약 3밀리초가 걸릴 정도로 속도가 매우 느리다.

압축

데이터를 EEPROM에 저장할 때나 **PROGMEM**을 사용할 때 메모리 공간이 부족할 경우도 있다. 그럴 때는 데이터를 가장 효율적으로 표현할 수 있는 방법을 찾아야 한다.

범위 압축

int나 **float**에 담을 수 있는 값에는 16비트의 공간이 필요할 것이다. 가령, 섭씨온도를 표현하려면 20.25 같은 값을 담기 위해 **float**를 사용한다. 이 값을 EEPROM에 저장할 때 1바이트만 사용할 수 있다면 **float**를 그대로 사용할 때보다 두 배나 효율적으로 메모리를 관리할 수 있을 것이다.

우선, 데이터를 저장하기 전에 살짝 변경하여 저장 공간을 줄일 수 있다. 1바이트는 0에서 255까지 양수를 저장할 수 있으므로, 온도를 반올림하여 정수에 가까운 수로 변환해도 된다면 소수 부분을 잘라 내고 **float** 데이터를 int로 변환한다. 다음은 그 예이다.

```
int tempInt = (int)tempFloat;
```

---

tempFloat 변수에는 부동소수점 값이 담겼다. **(int)** 명령은 **타입 변환**(type cast)으로도 부르는데, 어떤 타입의 변수를 다른 타입의 변수로 변환할 때 사용된다. 여기서는 **float** 변수가 **int** 변수로 변환되어, 가령 20.25를 20으로 저장한다.

그리고 온도 범위가 최고 60도, 최저 0도라면 원래 온도에 4를 곱해 바이트로 변환하고 저장한다. 나중에 EEPROM에서 값을 읽을 때는 4로 나눠 사용하면 0.25의 정확성을 되살릴 수 있다.

다음은 온도를 그런 식으로 EEPROM에 저장했다 다시 읽어 시리얼 모니터에 출력하는 예이다.

```
//sketch 8-07

#include <EEPROM.h>

void setup()
{
    float tempFloat = 20.75;
    byte tempByte = (int)(tempFloat * 4);
    EEPROM.write(0, tempByte);

    byte tempByte2 = EEPROM.read(0);
    float temp2 = (float)(tempByte2) / 4;
    Serial.begin(9600);
    Serial.println("\n\n\n");
    Serial.println(temp2);
}

void loop(){}
```

이외에도 데이터 압축 방법에는 여러 가지가 있다. 일례로, 온도처럼 값이 느리게 변경되는 데이터라면 최초 온도를 높은 정밀도로 기록하고, 그다음부터는 변경된 온도 차이만 기록하는 방법을 사용할 수도 있다. 이런 경우에는 일반적으로 값의 차이가 크지 않기 때문에 메모리 점유 공간도 작아진다.

정리

이번 장에서는 전원이 꺼진 이후 데이터를 보존하는 방법에 대해 간단하게나마 살펴보았다. 다음 장에서는 LCD 디스플레이에 대해 살펴볼 것이다.

9 디스플레이

이 장에서는 LCD 디스플레이 제어 소프트웨어를 작성해 볼 것이다. 그림 9-1은 이 장에서 사용할 두 LCD 디스플레이의 모습이다. 왼쪽은 영문자와 숫자를 표시할 수 있는 LCD 디스플레이 쉴드이고, 오른쪽은 128픽셀 × 64픽셀 OLED(유기 발광 다이오드, Organic Light-Emitting Diode) 그래픽 디스플레이이다. 이 두 디스플레이는 인기가 많아 아두이노에 자주 사용된다.

이 책에서는 하드웨어가 아닌 소프트웨어를 다루고 있지만 이 장에서만큼은 디스플레이를 더욱더 쉽게 사용할 수 있도록 작동 원리에 대해서도 간략하게나마 설명하고자 한다.

그림 9-1 | 문자와 숫자를 표시할 수 있는 LCD 쉴드

문자 출력용 LCD 디스플레이

여기서 사용하는 LCD 모듈은 아두이노 보드 상단에 바로 꽂아 사용할 수 있는 아두이노 쉴드 형태이다. 이 쉴드에는 LCD 디스플레이와 함께 버튼도 달려 있다. LCD 디스플레이 쉴드는 상당히 많지만 거의 모두가 LCD 컨트롤러 칩으로 HD44780을 사용하고 있으므로, 이 칩이 장착된 모델을 구하면 된다.

여기서는 아두이노용 DFRobot LCD 키패드 쉴드를 사용한다. DFRobot(www.robot shop.com)에서 제공하는 이 모듈은 가격이 저렴하며, 16개 문자를 두 줄로 표시할 수 있는 LCD 디스플레이와 6개 푸시버튼을 제공한다.

이 쉴드는 완성된 형태로 제공되기 때문에 납땜할 필요 없이 그림 9-2처럼 아두이노 보드 위에 꽂기만 하면 된다.

이 LCD 쉴드는 아두이노 핀 7개로 LCD 디스플레이를 제어하고, 아날로그 핀 한 개를 사용하여 버튼들을 제어한다. 따라서 이 쉴드에 사용되는 아두이노 핀을 다른 용도로 사용할 수는 없다.

그림 9-2 | 아두이노 보드에 장착된 LCD 쉴드

USB 메시지 보드

LCD 디스플레이를 어떻게 사용하는지 간단하게 경험할 수 있는 USB 메시지 보드를 예로 들고자 한다. 시리얼 모니터를 통해 입력된 메시지를 출력하는 예이다.

아두이노 IDE에는 LCD 라이브러리가 함께 제공된다. 따라서 LCD 디스플레이를 매우 쉽게 사용할 수 있다. 다음은 이 라이브러리에서 호출할 수 있는 몇 가지 유용한 함수들이다.

- **clear**는 디스플레이에 표시된 텍스트를 지운다.
- **setCursor**는 표시할 다음 항목의 위치를 행과 열로 설정한다.
- **print**는 지정된 위치에 문자열을 표시한다.

이 예는 스케치 9-01에서 전부 확인할 수 있다.

```
// sketch 9-01 USB Message Board

#include <LiquidCrystal.h>

// lcd(RS, E, D4, D5, D6, D7)
LiquidCrystal lcd(8, 9, 4, 5, 6, 7);
int numRows = 2;
int numCols = 16;

void setup()
{
    Serial.begin(9600);
    lcd.begin(numRows, numCols);
    lcd.clear();
    lcd.setCursor(0,0);
    lcd.print("Arduino");
    lcd.setCursor(0,1);
    lcd.print("Rules");
}

void loop()
{
```

```
    if (Serial.available() > 0)
    {
        char ch = Serial.read();
        if (ch == '#')
        {
            lcd.clear();
        }
        else if (ch == '/')
        {
            // 다음 행
            lcd.setCursor(0, 1);
        }
        else
        {
            lcd.write(ch);
        }
    }
}
```

다른 모든 아두이노 라이브러리처럼 스케치의 맨 앞에 해당 라이브러리를 사용하겠다고 include를 추가해야 한다.

그다음 줄에서는 쉴드에 사용되는 아두이노 핀과 각 핀의 용도를 정의한다. 쉴드의 종류가 다르면 핀 배정도 다를 수 있으므로 해당 문서를 확인해야 한다.

여기서는 D4, D5, D6, D7, D8, D9 등 6개의 핀을 사용하여 디스플레이를 제어한다. 각 핀의 용도는 표 9-1과 같다.

이번에도 **setup** 함수가 상당히 간단하다. 먼저 시리얼 모니터를 통해 명령을 전송할 수 있도록 시리얼 통신을 시작하고, 사용 중인 디스플레이의 규격에 따라 LCD 라이브러리를 초기화한다. 그리고 커서를 왼쪽 상단에 두고 'Arduino'를 출력한다. 커서를 다시 두 번째 줄 맨 앞으로 옮겨서 'Rules'를 출력하여 'Arduino Rules'라는 초기 메시지를 표시한다.

표 9-1 | LCD 쉴드의 핀 배정

LCD() 파라미터	아두이노 핀	용도
RS	8	레지스터 선택(Register Select) 핀. 이 핀은 아두이노가 문자 데이터를 보내는지 아니면 명령을 보내는지에 따라 1이나 0으로 설정된다. 명령의 예로는 커서 깜빡임 등이 있다.
E	9	활성화(Enable). 이 핀은 토글되면서 LCD 컨트롤러 칩에 순서상 다음 4비트 데이터를 읽을 준비가 완료되었다고 알린다.
Data 4	4	이 네 개 핀은 데이터를 전송하는 데 사용된다. 이 쉴드의 LCD 컨트롤러 칩은 원래 8비트나 4비트 데이터를 사용할 수 있지만 여기서는 4비트를 사용하므로 0번에서 7번 비트가 아닌 4번에서 7번 비트가 사용된다.
Data 5	5	
Data 6	6	
Data 7	7	

그다음 과정은 대부분 **loop** 함수에서 진행된다. 시리얼 모니터를 통해 입력되는 문자를 검사하여 한 번에 한 문자씩 처리한다.

여기서는 문자가 대부분 그대로 표시되지만, 특수 문자 두 개는 특별한 용도로 사용된다. 입력된 문자가 #이면 전체 디스플레이가 지워지고, 입력된 문자가 /이면 커서가 두 번째 줄로 이동한다. 두 가지 특수 문자 이외의 나머지 문자는 **write** 함수를 통해 현재 커서 위치에 표시된다. **write** 함수는 **print** 함수와 비슷하지만 문자열이 아닌 문자 하나만을 출력한다.

디스플레이 사용하기

아두이노 보드로 스케치 9-01을 업로드하고 LCD 쉴드를 연결한다. 단, 쉴드를 연결할 때는 먼저 아두이노의 전원부터 꺼야 한다.

준비가 완료되었으면 시리얼 모니터를 열고 그림 9-3과 같이 텍스트를 입력한다.

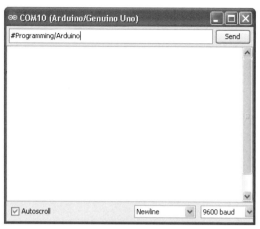

그림 9-3 | 디스플레이에 명령 보내기

LCD 라이브러리의 다른 함수들

이 라이브러리에는 앞선 예에서 사용한 함수들 이외에도 여러 함수가 제공된다.

- **home**은 커서를 맨 위 왼쪽으로 이동하는 **setCursor(0, 0)**과 같은 일을 한다.
- **cursor**는 커서를 표시한다.
- **noCursor**는 커서를 표시하지 않는다.
- **blink**는 커서를 깜빡인다.
- **noBlink**는 커서의 깜빡임을 중단한다.
- **noDisplay**는 콘텐츠를 지우지 않고 디스플레이를 끈다.
- **display**는 **noDisplay**로 껐던 디스플레이를 다시 켠다.
- **scrollDisplayLeft**는 디스플레이에 표시된 모든 텍스트를 왼쪽으로 한 칸씩 옮긴다.

- **scrollDisplayRight**는 디스플레이에 표시된 모든 텍스트를 오른쪽으로 한 칸씩 옮긴다.
- **autoscroll**은 자동 스크롤 모드를 활성화한다. 이 모드를 사용하면 기존 텍스트가 **leftToRight**이나 **rightToLeft** 함수를 사용하여 지정한 방향으로 밀리면서 현재 커서 위치에 새 문자가 추가된다.
- **noAutoscroll**은 **autoscroll** 모드를 해제한다.

OLED 그래픽 디스플레이

유기 발광 다이오드, 즉 OLED(Organic Light-Emitting Diode)는 밝고 깨끗함을 앞세워 기존 가전 시장에서 LCD 디스플레이를 빠르게 대체하고 있다. 여기서 다룰 OLED 디스플레이는 I2C라는 인터페이스 버스를 사용하며, 드라이버 칩에는 SD1306이 적용되었다. 이 디스플레이는 이베이(eBay)나 에이다프루트(Adafruit) 등 여러 공급업체에서 구입할 수 있다. 인터페이스 핀이 네 개인 종류라면 무난하게 작업할 수 있을 것이다.

그림 9-4는 아두이노 우노에 0.96인치 OLED 디스플레이가 연결된 모습이다. 해상도는 128픽셀 × 64픽셀이며, 여기에 사용된 디스플레이는 파란색 모노크롬 모델이다.

그림 9-4 | 아두이노 우노와 OLED 디스플레이

OLED 디스플레이 연결하기

OLED 디스플레이를 아두이노에 연결하려면 암수(female-to-male) 점퍼선이 필요하다. 에이다프루트(제품 번호 825) 등 여러 곳에서 온라인으로 구입할 수 있을 것이다. 구체적인 연결 방법은 다음과 같다.

- 디스플레이의 GND를 아두이노의 GND에 연결한다.
- 디스플레이의 VCC를 아두이노의 5V에 연결한다.
- 디스플레이의 SCL을 아두이노의 SCL에 연결한다. 아두이노 우노에는 SCL 레이블이 없어 그림 9-5에 따로 표시해 두었다.
- 디스플레이의 SDA를 아두이노의 SDA에 연결한다(그림 9-5 참고).

I2C(발음은 보통 I 제곱 C 또는 I two C)는 센서나 디스플레이를 아두이노 같은 마이크로 컨트롤러에 연결할 때 흔히 사용되는 시리얼 버스 표준이다. GND와 양극 전원 핀과 마찬가지로 데이터 핀(SDA)과 클록 핀(SCK)을 사용하여 한 번에 1비트씩 시리얼 데이터를 전송하는 방식으로 마이크로컨트롤러와 통신한다.

그림 9-5 | 아두이노 우노에서 SCL과 SDA의 위치

소프트웨어

스케치 9-02는 초 단위로 최장 9999초까지 세고 다시 0으로 리셋하는 예이다. 아두이노로 업로드하기 전에 디스플레이의 I2C 주소를 파악하고 있어야 한다. 16진수로 구성되는 이 주소는 OLED 디스플레이 뒷면에 표시돼 있다. 저가형 OLED의 주소는 대개 0x3c이다.

또한, 스케치를 컴파일하기 전에 일부 라이브러리를 설치해야 할 수도 있다. 아두이노 IDE의 라이브러리 관리자에서 가져오기를 직접 수행하면 된다. 메뉴 옵션에서 스케치 ➡ 라이브러리 포함하기 ➡ 라이브러리 관리를 클릭하여 라이브러리 관리자를 연다. 아래로 스크롤하여 'Adafruit GFX Library' 항목을 찾아 설치를 클릭한다(그림 9-6). 같은 방법으로 'Adafruit SSD1306' 라이브러리도 설치한다. 스케치에 필요한 SPI와 Wire 라이브러리는 아두이노 IDE에 기본으로 설치되어 제공된다.

```
// sketch 09_02

#include <SPI.h>
#include <Wire.h>
#include <Adafruit_GFX.h>
#include <Adafruit_SSD1306.h>

Adafruit_SSD1306 display(4);                          // 사용되지 않은 핀을 고른다.

void setup()
{
    display.begin(SSD1306_SWITCHCAPVCC, 0x3c);   // 이 부분은 상황에 맞게 바꿔야 한다.
    display.setTextSize(4);
    display.setTextColor(WHITE);
}

void loop()
{
    static int count = 0;
    display.clearDisplay();
    display.drawRoundRect(0, 0, 127, 63, 8, WHITE);
    display.setCursor(20,20);
    display.print(count);
    display.display();
    count ++;
    if (count > 9999)
    {
        count = 0;
    }
    delay(1000);
}
```

그림 9-6 | 에이다프루트 라이브러리 설치하기

물론 이 스케치도 라이브러리 가져오기와 변수 초기화로 시작한다. 파라미터는 일부 OLED 디스플레이(와 에이다프루트 모델)에 제공되는 '리셋' 핀이다. 리셋 핀이 없을 때는 아무 것도 연결되지 않은 핀 번호를 이 값으로 지정한다. 여기서는 4번을 선택했다.

setup 함수가 디스플레이를 초기화하면, 두 번째 인수로 받은 I2C 주소를 0x3c에서 다른 값으로 변경해야 한다. **setup** 함수는 글꼴의 크기를 4(큰 글자)로, 색상을 흰색(LED에는 검은색만 빼고 다른 색이 출력됨)으로 지정한다.

loop 함수는 디스플레이를 지우고, 모서리가 둥근 직사각형을 그린다. 그리고 커서의 위치를 지정한 다음, **count**의 값을 출력한다. **display.display()**가 실행되면 디스플레이가 실제로 업데이트되며, **count** 변수가 1 증가하고 1초 동안 지연된다.

에이다프루트 GFX 라이브러리는 다양하고 멋진 그리기 기능을 제공한다. 이 기능을 가져다 그래픽 디스플레이에 사용할 수 있다. 이 라이브러리에 대한 구체적인 내용은 https://learn.adafruit.com/adafruit-gfx-graphics-library를 참고하기 바란다.

정리

쉴드를 프로그래밍하는 과정은 어렵지 않다. 특히 많은 일을 대신 해 주는 라이브러리가 있다면 더더욱 쉽게 프로그래밍을 할 수 있을 것이다.

다음 장에서는 아두이노를 네트워크와 인터넷에 연결할 것이다.

10 아두이노와 사물 인터넷 프로그래밍

사물 인터넷(IoT, Internet of Things)은 점점 더 많은 장치가 인터넷에 연결된다는 개념이다. 그렇다고 해서 브라우저를 사용하는 컴퓨터가 점점 더 많아진다는 뜻은 아니다. 여기서 장치라는 대상은 가전제품이나 웨어러블 및 휴대용 기술이 적용된 기기를 뜻한다. 구체적으로는 각종 스마트 기기나 조명을 활용한 홈오토메이션에서 보안 시스템이나 인터넷 기반 애완동물 먹이 공급 장치, 실용성은 떨어지더라도 재미만큼은 최고인 수많은 프로젝트에 이르기까지 이루 말할 수 없을 정도로 다양하다.

아두이노 자체도 IoT 프로젝트에 많이 사용되고는 있지만, 로컬 네트워크나 인터넷을 통해 측정 및 제어를 가능하게 하는 등 특정 목적으로 전문화된 아두이노나 쉴드가 필요하다. 네트워크 인터페이스는 유선 이더넷 연결이나 와이파이 무선 연결 등의 형태가 될 수 있다.

이 장에서는 아두이노와 이더넷 쉴드에 대해 알아보고, 이 두 가지가 결합된 형태인 프리트로닉스(Freetronics)의 이더텐(EtherTen)이나 아두이노 C로 프로그래밍할 수 있다는 점과 5달러도 채 안 되는, 경이로울 정도로 낮은 가격 때문에 점점 더 인기가 높아지는 ESP8266 와이파이(WiFi) 보드(그림 10-1)를 살펴볼 것이다.

이제 로컬 웹 서버를 실행하는 방법과 앞서 언급한 보드들을 사용하여 웹에서 인터넷 서비스를 요청하는 방법을 다루고자 한다. 마지막으로는 파티클 포톤(Particle Photon)이나 아두이노 윤(Yun) 등 기타 옵션에 대해 간략하게나마 언급할 것이다.

그림 10-1 | 왼쪽부터 아두이노 우노 + 이더넷 쉴드, 이더텐, NodeMCU ESP8266 보드

웹 서버와 통신하기

아두이노에서 브라우저와 웹 서버 사이의 통신을 어떻게 처리하는지 살펴보기 전에 HTTP(Hypertext Transfer Protocol)와 HTML(Hypertext Markup Language)부터 이해해야 한다.

HTTP

하이퍼텍스트 전송 프로토콜(Hypertext Transport Protocol)이란 웹 브라우저와 웹 서버의 소통 방식을 의미한다.

웹 브라우저를 사용하여 페이지에 접속하면 브라우저는 이 페이지를 서비스하는 (호스팅하는) 서버에 페이지를 보여 달라는 요청을 전송한다. 브라우저가 요청하는 것은 단순히 HTML로 작성된 페이지의 내용이라 할 수 있다. 웹 서버는 그런 요청이 들어오는지 항상 주시하고 있다가 요청을 받으면 곧바로 처리한다. 요청의 처리라는 것은 간단히 말해 아두이노 스케치에 지정된 HTML을 다시 전송한다는 의미이다.

HTML

하이퍼텍스트 마크업 언어(Hypertext Markup Language)란 일반 텍스트에 서식을 나타내는 일종의 꼬리표를 붙여 브라우저에서 미려하게 보이도록 만드는 방식을 의미한다. 일례로 다음 코드는 그림 10-2처럼 브라우저 페이지가 보이도록 작성된 HTML이다.

```
<html>
<body>
<h1>Programming Arduino</h1>
<p>A book about programming Arduino</p>
</body>
</html>
```

HTML에는 일종의 꼬리표인 태그가 적용된다. 태그는 시작 태그와 종료 태그로 한 벌로 사용되며, 대개는 다른 태그도 포함할 수 있다. 시작 태그는 <로 시작하여 태그 이름이 이어지고 >로 닫힌다. <html>이 단적인 예이다. 종료 태그는 시작 태그와 비슷하지만 < 다음에 /가 오고 태그 이름이 이어진다는 점이 다르다. 앞의 예에서 가장 바깥쪽 태그인 <html> 다음에는 <body>라는 태그가 보인다. 모든 웹페이지는 이 두 태그로 시작해야 하며, 해당 종료 태그가 웹페이지의 마지막에 있어야 한다. 태그가 놓이는 순서도 매우 중요하므로 <body>의 종료 태그가 <html>의 종료 태그 앞에 와야 한다.

그림 10-2 | 샘플 HTML

눈여겨볼 곳은 가운데 **h1** 태그와 **p** 태그이다. 이 두 태그가 실제로 표시되는 웹페이지의 전부라 할 수 있다.

h1 태그는 레벨 1 헤더를 나타낸다. 다시 말해 가장 큰 볼드체로 텍스트가 표시된다는 의미이다. **p** 태그는 문단을 나타낸다. 따라서 이 태그로 묶인 텍스트는 하나의 문단으로 표시된다.

아직 수박 겉핥기도 끝나지 않을 만큼 HTML을 다뤘지만, 나머지 내용은 다른 책이나 인터넷 자원을 찾아보기 바란다.

아두이노 우노를 웹 서버로 사용하기

첫 번째 예는 아두이노와 이더넷 쉴드를 사용하여 작은 웹 서버를 구현하는 스케치이다. 웹 서버라고 해서 거창한 구글 서버 농장은 물론 아니지만, 웹 요청을 받으면 처리 결과를 브라우저로 보내는 핵심 작업은 무리 없이 수행한다. 아두이노 우노와 이더넷 쉴드 대신 이더텐(EtherTen) 보드를 사용할 수도 있다. 우노 및 쉴드 호환 보드인 이더텐은 우노와 쉴드를 하나로 합친 형태로 프리트로닉스(Freetronics)가 개발했다.

스케치 10-01을 업로드하기 전에 코드를 약간 수정해야 한다. 스케치 맨 위에 다음
코드가 보일 것이다.

```
byte mac[] = { 0xDE, 0xAD, 0xBE, 0xEF, 0xFE, 0xED };
```

mac 주소는 네트워크에 연결되는 장치마다 다 다르므로, 이대로 놔두지 말고 여러
분의 주소로 수정해야 한다.

아두이노를 USB 케이블로 컴퓨터에 연결하고 스케치를 업로드한다. 아두이노에서
USB 케이블을 뽑고 전원과 이더넷 케이블을 연결한다.

시리얼 모니터를 열면 그림 10-3과 비슷한 창이 나타날 것이다. 이 창에서 아두이
노에 할당된 IP 주소를 알 수 있다. 브라우저에서 이 주소를 입력하면 그림 10-4와
비슷한 웹페이지가 나타날 것이다.

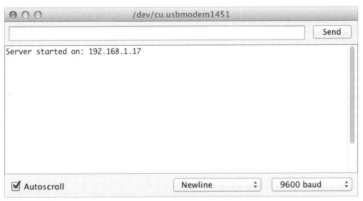

그림 10-3 | **아두이노의 IP 주소 찾기**

그림 10-4 | 아두이노 서버

스케치 10-01을 살펴보면 다음과 같다.

```
// sketch 10-01 Simple Server Example
#include <SPI.h>
#include <Ethernet.h>


// MAC 주소는 중복되지 않으므로, 해당 고유 주소를 사용한다.
byte mac[] = { 0xDE, 0xAD, 0xBE, 0xEF, 0xFE, 0xED };

EthernetServer server(80);

void setup()
{
    Serial.begin(9600);
    Ethernet.begin(mac);
    server.begin();
    Serial.print("Server started on: ");
    Serial.println(Ethernet.localIP());
}

void loop()
{
    // 들어오는 클라이언트를 주시한다.
    EthernetClient client = server.available();
    if (client)
    {
        while (client.connected())
        {
```

```
// 표준 http 응답 헤더를 보낸다.
client.println("HTTP/1.1 200 OK");
client.println("Content-Type: text/html");
client.println();

// body 태그 사이의 내용을 보낸다.
client.println("<html><body>");
client.println("<h1>Arduino Server</h1>");
client.print("<p>A0=");
client.print(analogRead(0));
client.println("</p>");
client.print("<p>millis=");
client.print(millis());
client.println("</p>");
client.println("</body></html>");
client.stop();
      }
      delay(1);
  }
}
```

9장에서 언급한 LCD 라이브러리처럼 아두이노 표준 라이브러리는 이더넷 쉴드와 이뤄지는 소통을 담당한다.

setup 함수는 앞에서 지정된 **mac** 주소를 사용하여 이더넷 라이브러리를 초기화한다. IP 주소를 받아 정상적으로 연결되면 그림 10-3과 비슷한 결과가 시리얼 모니터에 나타난다. 이 주소를 브라우저에 입력하면 된다.

loop 함수는 브라우저에서 웹 서버로 전송될 요청을 담당한다. 요청이 응답을 기다리는 동안 **server.available**을 호출하면 client가 리턴된다. client는 객체이며, 11장에서 조금 상세하게 다룰 것이다. 여기서는 client가 존재하면(첫 번째 **if**에서 판단됨) **client.connected**를 호출하여 웹 서버 연결 여부를 판단할 수 있다.

그다음 코드 세 줄에서는 리턴 헤더를 출력한다. 이를 통해 브라우저는 표시할 내용의 종류가 무엇인지 알 수 있다. 여기서는 HTML이 표시된다.

헤더가 출력되면 나머지 HTML을 브라우저에 출력해야 한다. 여기에는 **<html>**과 **<body>** 태그를 비롯하여 **<h1>**과 **<p>** 태그 두 개도 포함된다. 아날로그 입력 A0의 값과 **millis** 함수가 리턴한 값이 이 두 **<p>** 태그에 맞춰 출력된다. **millis** 함수가 리턴한 값은 아두이노가 마지막으로 리셋되고 지난 시간을 밀리초 단위로 계산한 결과이다.

마지막으로 **client.stop**은 메시지가 끝났다고 브라우저에 알린다. 브라우저는 페이지를 표시하게 된다.

예로 든 이 스케치는 이 장 뒷부분에서 이더넷 대신 와이파이(WiFi)와 ESP8266을 다룰 때 다시 언급할 것이다.

웹으로 제어하는 아두이노

이더넷 쉴드를 사용하는 두 번째 예에서는 웹 양식(Web form)을 사용하여 아두이노 핀 D3에서 D7까지를 켜고 끌 것이다.

이번에는 앞의 웹 서버와는 달리 핀 설정을 아두이노로 전달할 방법을 직접 찾아야 한다.

이 방법은 HTTP 표준의 일부분으로서 **데이터 포스팅**이라고 부른다. 데이터를 포스팅하려면 포스팅 메커니즘을 HTML로 구현해야 한다. 그래야 아두이노가 HTML을 브라우저에 리턴하고, 브라우저는 양식을 만들 수 있기 때문이다. 양식(그림 10-5)에서 핀마다 On과 Off를 선택하고 Update 버튼을 클릭하면 아두이노로 그 결과가 전송된다.

Update 버튼이 클릭되면 두 번째 요청이 아두이노로 전송된다. 이 요청은 첫 번째와 비슷하기는 하지만, 핀들의 값이 담길 요청 파라미터도 함께 전송된다는 점이 다르다.

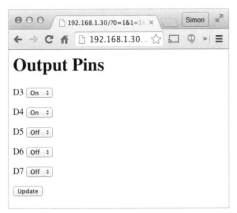

그림 10-5 | 아두이노 핀을 처리하기 위한 웹 인터페이스

요청 파라미터는 개념적으로 함수 파라미터와 닮았다. 함수 파라미터가 깜빡일 횟수처럼 어떤 정보를 함수로 가져오는 것처럼 요청 파라미터는 웹 요청을 처리할 아두이노로 데이터를 가져온다. 여기서는 아두이노가 웹 요청을 처리할 때 요청 파라미터로 받은 핀 설정을 실제 핀에 적용하게 된다.

두 번째 스케치의 코드는 다음과 같다.

```
// sketch 10-02 Internet Pins

#include <SPI.h>
#include <Ethernet.h>

// MAC 주소는 중복되지 않으므로, 해당 고유 주소를 사용한다.
byte mac[] = { 0xDE, 0xAD, 0xBE, 0xEF, 0xFE, 0xED };

EthernetServer server(80);

int numPins = 5;
int pins[] = {3, 4, 5, 6, 7};
int pinState[] = {0, 0, 0, 0, 0};
char line1[100];

void setup()
{
```

```
    for (int i = 0; i < numPins; i++)
    {
        pinMode(pins[i], OUTPUT);
    }
    Serial.begin(9600);
    Ethernet.begin(mac);
    server.begin();
    Serial.print("Server started on: ");
    Serial.println(Ethernet.localIP());
}

void loop()
{
    EthernetClient client = server.available();
    if (client)
    {
        while (client.connected())
        {
            readHeader(client);
            if (! pageNameIs("/"))
            {
                client.stop();
                return;
            }
            client.println("HTTP/1.1 200 OK");
            client.println("Content-Type: text/html");
            client.println();

            // body 태그 사이의 내용을 보낸다.
            client.println("<html><body>");
            client.println("<h1>Output Pins</h1>");
            client.println("<form method='GET'>");
            setValuesFromParams();
            setPinStates();
            for (int i = 0; i < numPins; i++)
            {
                writeHTMLforPin(client, i);
            }
            client.println("<input type='submit'
                value='Update'/>");
            client.println("</form>");
            client.println("</body></html>");

            client.stop();
        }
```

```
      }
  }

  void writeHTMLforPin(EthernetClient client, int i)
  {
      client.print("<p>D");
      client.print(pins[i]);
      client.print(" <select name='");
      client.print(i);
      client.println("'>");
      client.print("<option value='0'");
      if (pinState[i] == 0)
      {
          client.print(" selected");
      }
      client.println(">Off</option>");
      client.print("<option value='1'");
      if (pinState[i] == 1)
      {
          client.print(" selected");
      }
      client.println(">On</option>");
      client.println("</select></p>");
  }

  void setPinStates()
  {
      for (int i = 0; i < numPins; i++)
      {
          digitalWrite(pins[i], pinState[i]);
      }
  }

  void setValuesFromParams()
  {
      for (int i = 0; i < numPins; i++)
      {
          pinState[i] = valueOfParam(i + '0');
      }
  }

  void readHeader(EthernetClient client)
  {
      // 헤더의 첫 줄을 읽는다.
      char ch;
```

```
    int i = 0;
    while (ch != '\n')
    {
        if (client.available())
        {
            ch = client.read();
            line1[i] = ch;
            i ++;
        }
    }
    line1[i] = '\0';
    Serial.println(line1);
}

boolean pageNameIs(char* name)
{
    // 페이지 이름은 char 위치 4번에서 시작하여 공백으로 끝난다.
    int i = 4;
    char ch = line1[i];
    while (ch != ' ' && ch != '\n' && ch != '?')
    {
        if (name[i-4] != line1[i])
        {
            return false;
        }
        i++;
        ch = line1[i];
    }
    return true;
}

int valueOfParam(char param)
{
    for (int i = 0; i < strlen(line1); i++)
    {
        if (line1[i] == param && line1[i+1] == '=')
        {
            return (line1[i+2] - '0');
        }
    }
    return 0;
}
```

스케치에서는 핀을 제어하기 위해 두 가지 배열을 사용했다. 첫 번째 배열인 **pins**에는 사용될 핀이 지정했고, 두 번째 배열인 **pinState**에는 각 핀의 상태(0 또는 1)를 담았다.

어느 핀을 켜고 어느 핀을 끄는지 브라우저가 보낸 양식 정보를 받으려면 일단 헤더부터 읽어야 한다. 사실, 필요한 모든 내용은 헤더의 첫 줄에 있다. 여기서는 **line1**이라는 문자 배열을 사용하여 헤더의 첫 줄을 담았다.

사용자가 Update 버튼을 클릭하여 양식을 제출할 때 페이지 URL은 다음과 비슷할 것이다.

```
http://192.168.1.17/?0=1&1=1&2=0&3=0&4=0
```

요청 파라미터는 ? 다음부터 시작하며, 각각은 &로 구분된다. 첫 번째 파라미터인 **0=1**은 **pins** 배열의 첫 번째 요소, 즉 **pins[0]**의 값이 1이라는 의미이다. 헤더의 첫 번째 줄에 같은 요청 파라미터가 보일 것이다.

```
GET /?0=1&1=1&2=0&3=0&4=0 HTTP/1.1
```

파라미터 앞에는 GET /라는 텍스트가 있다. GET /는 브라우저가 요청한 페이지를 나타낸다. 여기서는 루트 페이지를 요청했다는 의미이다.

loop에서는 **readHeader** 함수를 호출하여 헤더의 첫 번째 줄을 읽는다. 그리고 **pageNameIs** 함수를 사용하여 페이지 요청이 루트 페이지인 /가 맞는지 확인한다.

그다음에는 표시될 HTML 양식의 헤더와 시작을 생성한다. 먼저 **setValuesFromParams** 함수를 호출하여 각 요청 파라미터를 읽고 적절한 값을 **pinStates** 배열에 지정한다. 이 배열은 각 핀에 **writeHTMLforPin** 함수가 호출되기 전에 핀 출력값을 설정하는 데 사용된다. **writeHTMLforPin** 함수는 각 핀의 선택 리스트를 만들며, **if**에서는 적절한 옵션이 선택되었는지 판단한다.

readHeader, pageNameIs, valueOfParam 함수는 다양하게 사용할 수 있는 유용한 범용 함수들이다.

핀들이 정말로 켜지고 꺼지는지 확인하기 위해 6장에서 경험한 대로 멀티미터를 사용해도 된다. LED나 릴레이를 핀에 연결하면 색다른 경험을 할 수 있을 것이다.

NodeMCU 웹 서버

ESP8266은 와이파이 시스템온칩(System on a Chip)이다. 쉽게 말하면, 와이파이 쉴드가 장착된 아두이노 우노가 할 수 있는 일을 칩 하나가 다 할 수 있다는 뜻이다. 이칩에는 GPIO 핀 몇 개와 아날로그 핀 한 개가 제공되며 공식 아두이노 보드인양 아두이노 IDE에서 프로그래밍할 수 있다.

가장 많이 사용되는 ESP8266 보드 두 가지를 그림 10-6에 나타내었다.

ESP01 보드는 초소형이라서 GPIO 핀도 두 개뿐이며, 시리얼로 연결할 수 있는 USB를 별도로 준비해야 프로그래밍할 수 있다. 반면, 그림 10-6의 오른쪽 NodeMCU 보드는 아두이노 우노 스타일의 USB-시리얼 인터페이스 칩과 GPIO 핀이 지원된다. 시작하기에는 NodeMCU 보드가 더 나을 것이다.

ESP8266은 스케치에서 사용할 수 있는 메모리가 대략 36KB이다(아두이노 우노의 2KB보다 훨씬 많다). ESP8266에는 플래시 메모리가 내장되지 않았지만, NodeMCU처럼 별도의 플래시 메모리가 장착된 보드를 장착할 수 있다. NodeMCU는 총 4MB의 프로그램 저장 공간을 제공한다.

그림 10-6 | ESP01(왼쪽)과 NodeMCU ESP8266 보드(오른쪽)

ESP8266 보드는 모두 공식 아두이노 보드가 아니다. 사실, NodeMCU 보드도 자체 펌웨어로 구현되어 아두이노 C가 아닌 루아(Lua) 프로그래밍 언어를 사용한다. 하지만 산딥 미스트리(Sandeep Mistry)라는 엔지니어의 노력 덕분에 이 펌웨어를 교체하여 여느 아두이노 보드처럼 프로그래밍할 수 있는 보드로 변신시킬 수 있다. 모든 ESP8266 보드는 아두이노의 시리얼 포트에 연결하여 아두이노에 와이파이 인터페이스를 제공하는 용도로 사용되고는 한다. 하지만 ESP8266 보드는 아두이노의 보완재가 아니라 모든 기능이 발휘되도록 사용하는 것이 좋다고 할 수 있다.

NodeMCU를 사용하려면 NodeMCU를 인식할 수 있는 아두이노 IDE로 업데이트해야 한다. 아두이노 1.6 이후 버전을 사용해야 NodeMCU를 정상적으로 사용할 수 있다.

우선 파일 메뉴에서 환경설정을 연다. 추가적인 보드 매니저 URLs 입력란에 http://arduino.esp8266.com/stable/package_esp8266com_index.json을 추가한다(그림 10-7).

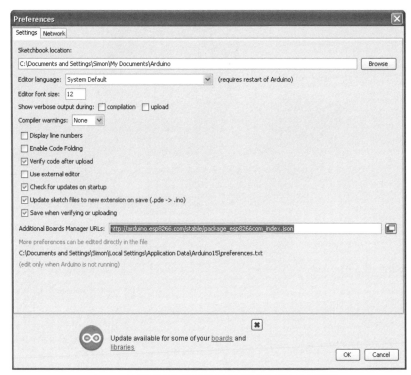

그림 10-7 | ESP8266 보드의 보드 관리자 URL 추가하기

아두이노 IDE에서 툴 ➡ 보드를 클릭하여 보드 매니저를 연다. 리스트 아래쪽에서 esp8266 by ESP8266 Community 항목 옆에 있는 설치 버튼을 클릭한다.

보드 관리자를 닫는다. 이제 보드 리스트에 ESP8266 관련 보드가 새로 보일 것이다. 그중에서도 NodeMCU0.9이나 NodeMCU 1.0을 찾는다. 구입한 ESP8266 보드가 어느 종류인지 확인해야 한다.

NodeMCU 보드를 프로그래밍하려면 USB-시리얼 칩용 드라이버부터 설치해야 한다. 이 칩은 아두이노 우노의 USB-시리얼 인터페이스에 사용되는 것과 다르므로, 사용 중인 운영체제에 호환되는 드라이버를 https://github.com/nodemcu/nodem-cu-devkit/tree/master/Drivers에서 다운로드하고 설치해야 한다.

보드 종류와 포트를 선택하면 이제부터 ESP8266을 프로그래밍할 수 있다. 다만, 아두이노를 프로그래밍할 때와 몇 가지 다른 점이 있다.

- 항상 그런 것은 아니지만 보드에 전원을 연결하기 전부터 전원이 켜지고 몇 초 뒤까지 플래시 버튼을 누르고 있어야 할 때가 있다. 스케치를 업로드하지 못하면 이 방법을 적용해 보아야 한다.
- 핀 D0에서 D8까지는 반드시 'D'를 붙여 사용해야 한다. 가령, pinMode(D0, OUTPUT)처럼 코드를 작성해야 한다는 것이다. 반면, 공식 아두이노 보드에서는 이 'D'를 붙여도 되고 그러지 않아도 된다.
- NodeMCU는 아두이노 우노의 L LED처럼 내장 LED를 가지고 있다. 하지만 13번 핀이 아닌 D0 핀에 있으므로 blink 스케치를 사용할 때는 이에 맞게 수정해야 한다.
- 공식 아두이노 보드를 사용할 때는 함수의 정의하는 순서가 중요하지 않다. 반면, NodeMCU 보드에서는 함수를 호출하려면 그보다 먼저 정의부터 돼 있어야 한다.

NodeMCU 라이브러리는 표준 아두이노 이더넷 라이브러리와 조금 다르다. 스케치 10-03은 그림 10-4의 웹 서버를 그대로 구현하지만, 이번에는 아두이노와 이더넷이 아니라 NodeMCU와 와이파이를 사용한다.

```
// sketch 10-03 Node MCU Basic Web Server

#include <ESP8266WiFi.h>
#include <WiFiClient.h>
#include <ESP8266WebServer.h>
#include <ESP8266mDNS.h>

const char* ssid = "my-network-name";
const char* password = "my_password";

ESP8266WebServer server(80);
```

```
void handleRoot()
{
    String message = "<html><body>\n";
    message += "<h1>Arduino Server</h1>\n";
    message += "<p>A0=";
    message += analogRead(A0);
    message += "</p>";
    message += "<p>millis=";
    message += millis();
    message += "</p>";
    message += "</html></body>\n";
    server.send(200, "text/html", message);
}

void connectToWiFi()
{
    Serial.print("\n\nConnecting to ");
    Serial.println(ssid);
    WiFi.begin(ssid, password);
    while (WiFi.status() != WL_CONNECTED) {
        delay(500);
        Serial.print(".");
    }
    Serial.println("\nWiFi connected");
    Serial.print("IP address: ");
    Serial.println(WiFi.localIP());
}

void setup()
{
    Serial.begin(115200);
    connectToWiFi();

    server.on("/", handleRoot);

    server.begin();
    Serial.println("HTTP server started");
}

void loop()
{
    server.handleClient();
}
```

NodeMCU를 사용하려면 아두이노와 이더넷 쉴드를 사용했던 스케치 10-01과는 다른 코드 구조를 적용해야 한다. 우선, MAC 주소 대신 **ssid**(무선 네트워크 이름)와 **password**에 해당하는 상수가 보일 것이다. 그리고 **Ethernet**이라는 서버 변수를 만들지 않고 **ESP8266WebServer**라는 변수를 만들었다.

handleRoot는 ESP8266 라이브러리의 특징을 고스란히 보여 주는 함수이다. 다시 말해, 서버가 서비스하는 페이지마다 다른 핸들러를 이 함수로 정의할 수 있다. 실제로 **setup**에서 server.on("/", handleRoot) 함수는 루트 페이지(/)에 대한 요청이 있을 때마다 **handleRoot** 함수를 호출하여 루트 페이지의 HTML을 만들고 이를 브라우저로 다시 보낸다.

이때 아두이노의 **String** 클래스가 사용되어 HTML이 한 번에 한 줄씩 구성된다. 한편 **String** 클래스는 메모리를 무척 많이 소모하기 때문에, 코드에서 예상치 못한 오류가 발생했다면 **String** 클래스부터 확인해 보는 것이 좋다. 지금 이 예시처럼 메모리 소모량이 적을 때는 문제가 없지만, 구성하는 문자열이 길어지면 앞으로 소개할 스케치 10-04처럼 문자 버퍼를 사용하는 것이 한결 낫다.

와이파이 연결을 생성하는 과정은 시리얼 모니터에 서버의 IP 주소를 표시하는 코드와 함께 **connectToWiFi** 함수로 진행된다. 단, 보 속도(baud rate)가 115200으로 설정되었으므로 시리얼 모니터의 오른쪽 아래의 드롭다운 리스트에서도 같은 속도를 설정해야 메시지를 올바로 볼 수 있다.

setup 함수는 **connectToWiFi**를 호출하여 루트 핸들러를 연결하고 서버를 실행한다. **loop** 함수는 서버에 **handleClient**를 호출한다. **handleClient**는 대기 상태로 있다 수신된 요청을 처리한다.

웹 제어 NodeMCU

스케치 10-02에서 선보인 웹 제어 아두이노는 NodeMCU에도 적용할 수 있다. NodeMCU를 적용한 새 스케치는 10-04이다. 이 스케치를 테스트할 때는 LED를 연결하거나 멀티미터로 전압을 측정한다.

```
// sketch 10-04 Web Controlled Node MCU

#include <ESP8266WiFi.h>
#include <WiFiClient.h>
#include <ESP8266WebServer.h>
#include <ESP8266mDNS.h>

const char* ssid = "my-network-name";
const char* password = "my_password";

int numPins = 5;
char* pinNames[] = {"D5", "D6", "D7", "D8", "D9"};
int pins[] = {D5, D6, D7, D8, D9};
int pinState[] = {0, 0, 0, 0, 0};

ESP8266WebServer server(80);

void setPinStates()
{
    for (int i = 0; i < numPins; i++)
    {
        digitalWrite(pins[i], pinState[i]);
    }
}

void setValuesFromParams()
{
    for (int i = 0; i < numPins; i++)
    {
        pinState[i] = server.arg(i).toInt();
    }
}

void connectToWiFi()
{
```

```
    Serial.print("\n\nConnecting to ");
    Serial.println(ssid);
    WiFi.begin(ssid, password);
    while (WiFi.status() != WL_CONNECTED) {
        delay(500);
        Serial.print(".");
    }
    Serial.println("\nWiFi connected");
    Serial.print("IP address: ");
    Serial.println(WiFi.localIP());
}

void handleRoot()
{
    char buff[1000];
    Serial.println("Got a Request");
    setValuesFromParams();
    setPinStates();

    strcat(buff, "<html><body>\n");
    strcat(buff, "<h1>Output Pins</h1>\n");
    strcat(buff, "<form method='GET'>\n");
    for (int i = 0; i < numPins; i++)
    {
        strcat(buff, "<p>");
        strcat(buff, pinNames[i]);
        strcat(buff, " <select name='");
        char indexStr[10];
        sprintf(indexStr, "%d", i);
        strcat(buff, indexStr);
        strcat(buff, "'><option value='0'");
        if (pinState[i] == 0)
        {
            strcat(buff, " selected");
        }
        strcat(buff, ">Off</option>");
        strcat(buff, "<option value='1'");
        if (pinState[i] == 1)
        {
            strcat(buff, " selected");
        }
        strcat(buff, ">On</option></select></p>\n");
    }
    strcat(buff, "<input type='submit' value='Update'/>");
    strcat(buff, "</form></html></body>\n");
    server.send(200, "text/html", buff);
```

```
}

void setup()
{
    for (int i = 0; i < numPins; i++)
    {
        pinMode(pins[i], OUTPUT);
    }
    Serial.begin(115200);
    connectToWiFi();
    server.on("/", handleRoot);

    server.begin();
    Serial.println("HTTP server started");
}

void loop()
{
    server.handleClient();
}
```

이 스케치는 구조적으로 아두이노 버전(스케치 10-02)과 거의 동일하다. 다만, 사용하는 핀이 달라졌고, 웹페이지에 사용될 이 핀들의 이름을 담기 위해 문자열 배열을 새로 만들었다. 그리고 원래 접근할 페이지를 검사하고 요청에서 파라미터를 분리해 낼 목적으로 작성했던 유틸리티 함수인 **pageNameIs**와 **valueOfParam**은 이번 ESP8266 버전에서 필요하지 않다. ESP8266 라이브러리가 **server.on** 메커니즘에 따라 페이지 이름별로 요청을 처리하고, **server.arg(i)**를 사용하여 파라미터 값에 직접 접근할 수 있기 때문이다. 여기서 **i**는 파라미터의 인덱스 위치에 해당한다. 실제로 **arg** 함수에는 이름이 있는 파라미터를 찾을 수 있는 옵션이 지원된다. 이와 관련한 세부 내용은 http://links2004.github.io/Arduino/d3/d58/class_e_s_p8266_web_server.html을 참고하기 바란다.

여기서 **handleRoot** 함수는 HTML을 무척 긴 문자열로 구성하여 클라이언트로 다시 보내야 한다. 이번에는 **String** 클래스를 사용하지 않고 문자열 버퍼(buff)라는 다른 접근 방식을 적용했다. 문자열 버퍼는 **strcat**이라는 C 함수를 사용하여 작은 문자열들을 서로 길게 잇는 과정(마지막에는 \0을 붙임)을 통해 최종 문자열을 완성한다. 단, 이 방법은 핀의 값 등 숫자를 추가해야 할 때는 무용지물이다. 따라서 **in-dexStr**이라는 두 번째 문자열 버퍼도 사용되었다. 숫자는 **indexStr** 버퍼에 저장되며, 이때 사용되는 C 함수는 **sprintf**이다. **sprintf** 함수는 **buff**로 합쳐질 **indexStr** 버퍼에 숫자를 '출력한다'.

아두이노 이더넷 라이브러리에서는 지금까지 설명한 버퍼 쓰기 과정이 불필요하다. 한 번에 한 줄씩 브라우저에 응답을 쓰기 때문이다. 이렇게 하면 메시지 전체를 구성하여 브라우저로 다시 보내야 할 이유가 없어진다.

웹 서비스 호출하기

지금까지 다룬 이 장의 스케치들은 아두이노나 NodeMCU를 웹 서버로 사용했다. 하지만 웹 서버가 아니라 인터넷 어딘가에 있는 웹 서버로 요청을 전송하는 웹 브라우저로는 사용할 수 없을까?

일례로 보드에서 일정 간격으로 온도를 측정하고 측정값을 웹 서비스로 게시할 수도 있다. 이어지는 두 절에서는 즐겨 사용되는 IFTTT(If This Then That) 웹 서비스에 요청을 전송하려면 일반 아두이노와 NodeMCU를 어떻게 사용해야 하는지 소개한다. 웹 서비스는 요청을 수신하면 그에 따른 동작, 여기서는 A0 핀에서 읽을 값을 담아 이메일을 보내는 동작을 수행한다.

아두이노를 사용하든 NodeMCU를 사용하든 우선 ifttt.com에 계정을 만들고 새 '레시피'를 만들어야 한다. IFTTT의 웹 인터페이스는 매우 사용하기 쉽기 때문에 대개는 한눈에 그 의미를 파악할 수 있을 것이다. 새 레시피 만들기(Create a Recipe) 버튼을 클릭하고 **if this then that** 메시지에서 **this** 하이퍼링크를 클릭한다. 트리거 채널을 선택하라는 안내가 표시될 텐데, 검색란에 maker를 입력하여 메이커(Maker) 채널을 검색한다(M처럼 보이는 화려한 로고). 메이커 채널을 선택하면 그림 10-8과 비슷한 화면이 등장한다. 'Receive a web request'를 클릭하고 트리거로 사용할 이벤트의 이름을 입력한다.

그림 10-8 | 트리거 입력란 완성하기

Event Name 입력란에 **arduino_spoke**를 입력하고 **Create Trigger**를 클릭한다.

이제 동작(action)을 정의할 차례이다. 다시 말해, 레시피가 트리거되면 어떤 일이 일어나야 하는지 지정하는 순서이다. 여기서는 IFTTT에서 우리에게 이메일을 전송하라고 할 것이다. 이메일 말고도 트윗을 보낸다거나 페이스북 상태를 업데이트하는 등 여러 다른 동작을 활용할 수도 있다. 기본 과정을 연습한 뒤에는 다른 동작을 여러 가지로 실습해 보기 바란다. 이제 **if this then that** 메시지에서 **that** 링크를 클릭한다. 검색란에 email을 입력하면 해당하는 동작 채널이 검색된다. 첫 번째 검색 결과인 **Email**을 선택하면 **Send me an e-mail**이 선택할 수 있는 유일한 동작으로 표시될 것이다. 이를 클릭하면 그림 10-9와 비슷한 화면이 나타난다.

그림 10-9 | 동작 필드 완성하기

지금은 기존 필드들을 그대로 놔둬도 되고, 상황에 맞게 이것저것 손을 대도 된다. 나중에라도 다시 동작을 수정할 수 있으니 일단 **Create Action**을 클릭한다. 이제 마지막으로 **Create Recipe**를 클릭하면 새 레시피가 생성되어 아두이노나 NodeMCU에서 전송되는 메시지를 수신하기 위해 대기 상태를 유지할 것이다.

한 가지 추가 단계가 있다. 트리거 이벤트에 사용할 키를 불러와야 한다. ifttt.com 홈페이지의 상단에서 **Channels** 링크를 클릭하고, 메이커 채널을 찾는다. 그림 10-10과 비슷한 세부 결과를 확인할 수 있을 것이다.

여기서 중요한 정보는 **Your key is:**라는 텍스트이다. 이 키를 스케치에서 사용해야 하니 복사해 둔다.

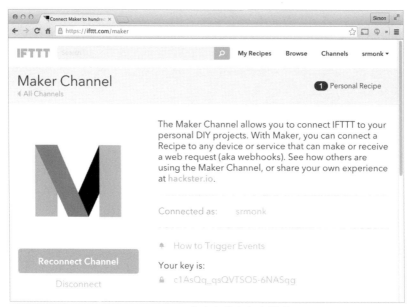

그림 10-10 | 메이커 채널의 키 찾기

아두이노 우노와 IFTTT

아두이노와 이더넷 쉴드 버전의 스케치부터 시작해 보자. 스케치 이름은 10-05이다.

```
// sketch 10-05 IFTTT
#include <SPI.h>
#include <Ethernet.h>

// MAC 주소는 중복되지 않으므로, 해당 고유 주소를 사용한다.
byte mac[] = { 0xDE, 0xAD, 0xBE, 0xEF, 0xFE, 0xED };
const char* key = "c1AsQq_qsQVTSO5-6NASqg";
const char* host = "maker.ifttt.com";
const int httpPort = 80;
const long sendPeriod = 60000L;      // 1분
EthernetClient client;
```

```
void setup()
{
    Serial.begin(9600);
    Ethernet.begin(mac);
}

void sendToIFTTT(int reading)
{
    client.stop();                          // 루프 반복 시 두 번째
    Serial.print("connecting to ");
    Serial.println(host);
    if (!client.connect(host, httpPort)) {
        Serial.println("connection failed");
        return;
    }

    String url = "/trigger/arduino_spoke/with/key/";
    url += key;
    url += "?value1=" + String(reading);

    String req = String("GET ") + url + " HTTP/1.1\r\n" +
                 "Host: " + host + "\r\n" +
                 "Connection: close\r\n\r\n";
    Serial.println(req);
    client.print(req);
}

void loop()
{
    static long lastReadingTime = 0;
    long now = millis();
    if (now > lastReadingTime + sendPeriod)
    {
        int reading = analogRead(A0);
        sendToIFTTT(reading);
        lastReadingTime = now;
    }
    if (client.available())
    {
        Serial.write(client.read());
    }
}
```

IFTTT의 메이커 채널에서 복사한 키 값으로 **key** 상수를 변경한다(그림 10-10 참고). **sendPeriod** 상수는 IFTTT로 전송되는 웹 요청의 시간 간격이다.

client 변수는 앞에서 사용했던 **EthernetServer** 클래스가 아닌 **EthernetClient** 클래스를 가리킨다. 여기서는 아두이노가 웹 클라이언트로 작동하기 때문이다.

loop 함수는 1분마다 **sendToIFTTT** 함수를 호출하여 A0에서 읽은 값을 파라미터로 전달한다. 그리고 서버가 응답을 보냈는지 확인하고, 보냈다면 이를 표시한다. 이 과정이 반드시 필요한 것은 아니지만 오류가 있는지 확인하기 위해 시리얼 모니터에 의미 있는 피드백을 제공할 수 있다.

sendToIFTTT 함수는 **client.stop()**를 호출하여 이전 트랜잭션이 있다면 이를 종료부터 한다. 그리고 호스트 서버에 연결하여 서버로 전송할 **String url**을 구성한다. URL에는 **reading** 파라미터가 요청 파라미터 중 하나로 포함되어야 한다. 또한, IFTTT에 지정한 **key**와 **arduino_spoke** 이벤트의 이름도 포함되어야 한다.

NodeMCU ESP8266 보드와 IFTTT

IFTTT에 트리거를 전송할 수 있는 NodeMCU의 예가 스케치 10-06이다.

```
// sketch 10_06

#include <ESP8266WiFi.h>

const char* ssid = "my-network-name";
const char* password = "my_password";
const char* key = "c1AsQq_qsQVTSO5-6NASqg";
const char* host = "maker.ifttt.com";
const int httpPort = 80;
const long sendPeriod = 60000L;        // 1분
```

```
WiFiClient client;

void connectToWiFi()
{
    Serial.print("\n\nConnecting to ");
    Serial.println(ssid);
    WiFi.begin(ssid, password);
    while (WiFi.status() != WL_CONNECTED) {
        delay(500);
        Serial.print(".");
    }
    Serial.println("\nWiFi connected");
    Serial.print("IP address: ");
    Serial.println(WiFi.localIP());
}

void sendToIFTTT(int reading)
{
    Serial.print("connecting to ");
    Serial.println(host);

    if (!client.connect(host, httpPort)) {
        Serial.println("connection failed");
        return;
    }

    String url = "/trigger/arduino_spoke/with/key/";
    url += key;
    url += "?value1=" + String(reading);

    String req = String("GET ") + url + " HTTP/1.1\r\n" +
                 "Host: " + host + "\r\n" +
                 "Connection: close\r\n\r\n";
    Serial.println(req);
    client.print(req);
}

void setup()
{
    Serial.begin(115200);
    connectToWiFi();
}

void loop()
{
```

```
    static long lastReadingTime = 0;
    long now = millis();
    if (now > lastReadingTime + sendPeriod)
    {
        int reading = analogRead(A0);
        sendToIFTTT(reading);
        lastReadingTime = now;
    }
    if (client.available())
    {
        Serial.write(client.read());
    }
}
```

이더넷이 아닌 와이파이에 연결하기 위한 코드나 **EthernetClient**가 아닌 **WiFiClient** 클래스를 사용한 것 이외에는 달라진 내용이 없다.

그 밖의 IoT 대안

사물 인터넷 프로젝트에 활용할 수 있는 기타 플랫폼에는 아두이노 윤이나 파티클 포톤(그림 10-11) 등이 있다.

아두이노 윤

아두이노 윤(Yun)은 공식 아두이노 지원 IoT 보드로서 USB 호스트 소켓과 유선 이더넷, 별도의 와이파이 모듈을 함께 제공한다. 기능상으로 보면, 아두이노 우노에 ESP8266 스타일의 와이파이 모듈이 합쳐진 구조라 할 수 있다. 아두이노와 와이파이 모듈의 통신은 '브릿지'라는 소프트웨어를 사용하여 이뤄진다.

윤을 사용하려면 우선 와이파이 네트워크에 연결해야 한다. 연결한 다음에는 아두이노 IDE에서 프로그래밍을 할 수 있다. 윤은 와이파이로 연결되었으니 프로그래밍하느라 컴퓨터에 물리적으로 연결하지 않아도 된다.

윤 보드는 USB 호스트도 지원한다. 다만, 이런저런 기능을 죄다 지원하다 보니 다른 IoT 프로젝트용 기기에 비해 감당할 수 없을 정도로 가격이 높다. 특히 ESP8266 기반 보드와 비교하면 그 차이는 더더욱 두드러진다.

그림 10-11 | 아두이노 윤(왼쪽)과 파티클 포톤(오른쪽)

파티클 포톤

포톤(Photon)과 그 전작인 스파크 코어(Spark Core)는 IoT용 아두이노류 서드파티 플랫폼이다. 와이파이 전용이며, 아두이노 IDE와 사뭇 닮은 웹 기반 IDE를 통해 무선으로 프로그래밍이 가능하다.

포톤 프로그래밍은 Particle.io의 IoT 프레임워크와 부드럽게 연동되는 몇 가지 확장 기능을 추가한 아두이노 C로 진행한다. 이 때문에 이 장에서 살펴본 자질구레하지만 까다롭다고 할 수 있는 네트워크 프로그래밍 상당 부분을 덜어낼 수 있다.

포톤은 ESP8266 기반 보드보다 약간 비싸다. 하지만 내장된 IoT 프레임워크와 무선 프로그래밍 기능을 감안하면 와이파이 IoT 프로젝트용으로 괜찮은 선택이라 할 수 있다.

포톤에 관한 세부 내용은 《Getting Started with the Photon》(Maker Media, 2015)을 참고하기 바란다.

정리

지난 두 장에서 쉴드 및 관련 라이브러리를 살펴보았다. 이제 라이브러리를 직접 작성하는 과정에 대해 살펴볼 것이다.

11

C++와 라이브러리

아두이노는 단순한 마이크로컨트롤러이다. 아두이노 스케치는 대개 매우 작기 때문에 C 프로그래밍 언어만으로도 작업하는 데 별 지장이 없다. 하지만 아두이노의 프로그래밍 언어는 C가 아니라 C++이다. C++는 C 프로그래밍 언어에 객체 지향이라는 개념이 추가된 확장판 언어라 할 수 있다.

객체 지향

C++ 프로그래밍 언어에 대한 깊은 설명은 이 책의 범위를 벗어난다. 하지만 C++의 기초와 객체 지향만큼은 이곳에서 살펴보고자 한다. 그래도 이 책의 주된 목표는 프로그램의 **캡슐화**를 향상시키는 것임을 유의하기 바란다. 캡슐화(encapsulation)는 관련된 항목들을 함께 모아서 관리하는 것을 의미한다. 이런 의미에서 C++는 앞에서 살펴본 이더넷 스케치나 LCD 스케치에서 사용했던 그런 라이브러리를 작성하는 데 매우 적합하다.

C++나 객체 지향 프로그래밍을 다룬 좋은 책들이 많이 있으므로 서평이 괜찮은 책들을 찾아보는 것도 좋을 듯하다.

클래스와 메서드

객체 지향에는 캡슐화를 지원할 **클래스**라는 개념이 적용된다. 일반적으로 클래스는 변수와 메서드가 포함된, 프로그램의 일부분과도 같다. 단, 클래스의 변수는 **멤버 변수(member variable)**라고 부르며, **메서드(method)**는 클래스에 적용된 함수를 가리킨다. 메서드라는 함수는 다른 클래스에서도 사용할 수 있는 **public**과 동일한 클래스 안에서 다른 메서드만 호출할 수 있는 **private**으로 나뉜다.

대개 아두이노 스케치는 파일 하나로만 작성하지만 C++로 작업하면 여러 파일이 필요할 때가 있다. 사실, 클래스는 확장명이 .h인 **헤더 파일(header file)**과 확장명이 .cpp인 **구현 파일(implementation file)**로 구성된다.

내장 라이브러리 예

여기서는 앞 두 장에서 사용해 본 LCD 라이브러리를 좀 더 세밀하고 깊게 들여다보기로 하겠다.

스케치 9-01을 아두이노 IDE에서 다시 열면, LiquidCrystal.h 파일을 포함하겠다는 **include** 명령이 보일 것이다.

```
#include <LiquidCrystal.h>
```

이 파일은 **LiquidCrystal**이라는 클래스의 헤더 파일이다. 해당 라이브러리를 사용하기 위해 필요한 정보가 이 파일에 들어 있다. 이 파일은 실제로 아두이노 설치 폴더의 libraries/LiquidCrystal 폴더에 있으며, 실제로 텍스트 편집기에서 열어야 할 때도 있다. 맥 사용자는 아두이노 애플리케이션을 마우스 오른쪽 버튼으로 클릭하고 '패키지 보기'를 선택한 다음, Contents/Resources/Java/libraries/LiquidCrystal로 이동한다.

LiquidCrystal.h 파일은 상당히 큰 라이브러리 클래스라서 코드 또한 상당히 길다. 실제 클래스 자체에 해당하는 코드, 즉 메시지를 표시하기 위한 코드는 LiquidCrystal.cpp 파일에 들어 있다.

다음 절에서는 간단한 라이브러리를 예로 직접 만들면서 라이브러리와 관련된 여러 개념을 살펴볼 것이다.

라이브러리 작성하기

숙련된 아두이노 전문가들만이 아두이노 라이브러리를 직접 작성한다고 생각하기 쉽지만, 실제로는 누구나 쉽게 라이브러리를 만들어 프로그램에 사용할 수 있다. 일례로, 지난 4장에서는 일정 횟수만큼 LED를 깜빡이는 함수인 **flash**를 사용했는데, 이 함수를 라이브러리로도 전환할 수 있다.

전환에 필요한 C++ 파일을 만들려면 '메모장' 등 텍스트 편집기에서 작업하면 된다.

헤더 파일

우선 모든 라이브러리 파일을 저장해 둘 폴더를 만든다. 이 폴더는 아두이노 문서 폴더의 libraries 폴더 아래에 만들어야 한다. Windows에서는 내 문서\Arduino에, 맥에서는 홈 디렉터리의 도큐멘트/Arduino/ 디렉터리, 리눅스에서는 홈 디렉터리의 sketchbook 디렉터리에 이 libraries 폴더가 있다. 아두이노에 libraries 폴더가 없을 경우에는 새로 만들어야 한다.

이 libraries는 사용자가 직접 작성한 라이브러리나 '비공식' 라이브러리가 설치되는 폴더이다.

이제 Flasher라는 폴더를 새로 만들고 텍스트 편집기를 열어 다음 코드를 입력한다.

```cpp
// LED Flashing library

#include "Arduino.h"

class Flasher
{
    public:
        Flasher(int pin, int duration);
        void flash(int times);
    private:
        int _pin;
        int _d;
};
```

이 파일을 Flasher.h라는 이름으로 Flasher 폴더에 저장한다. 이 파일은 라이브러리 클래스를 위한 헤더 파일이다. 클래스의 여러 부분을 지정하고 있는 이 파일은 크게 보면 public 부분과 private 부분으로 나뉜다.

public에는 함수의 시작처럼 보이는 곳이 두 군데 있다. 이들 두 항목을 메서드라고 하며, 메서드는 함수와 비슷하게 보이지만 클래스와만 연관된다는 점이 함수와 다르다. 즉, 메서드는 클래스의 일부로서만 사용할 수 있다. 다시 말해 함수와는 달리 메서드 자체만 사용할 수 없다.

첫 번째 메서드인 **Flasher**는 대문자로 시작하지만 원래 함수 이름에는 자주 적용하는 방식이 아니다. 다만, 이름이 클래스의 이름과 같은데, 이런 메서드를 가리켜 **생성자**(constructor)라고 부른다. 생성자는 스케치에서 사용할 새 **Flasher** 객체를 생성할 때 사용한다.

예를 들어, 다음처럼 코드를 작성할 수 있다.

```
Flasher slowFlasher(13, 500);
```

이 코드는 D13 핀에 연결된 LED를 500밀리초 간격으로 깜빡이는 새 **Flasher** 객체인 **slowFlasher**를 생성한다.

이 클래스의 두 번째 메서드는 **flash**이다. 이 메서드는 깜빡이는 횟수만을 인수로 받는다. 방금 전 만든 객체를 대상으로 **flash**를 호출하려면 다음처럼 코드를 작성한다. 왜냐하면 **flash** 메서드가 독립된 것이 아니라 클래스의 일부분이므로 반드시 연관된 객체를 대상으로 가리켜야 하기 때문이다.

```
slowFlasher.flash(10);
```

이 코드가 실행되면 **Flasher** 객체인 **slowFlasher**의 생성자에 지정된 대로 LED가 10번 깜빡인다.

클래스의 private에는 핀에 해당하는 변수와 지속 시간에 해당하는 변수가 정의되었다. 이 두 변수는 **Flasher** 클래스의 객체를 생성할 때마다 객체 안에 함께 생성된다. 따라서 새로 생성되는 **Flasher** 객체에도 핀과 지속 시간 정보는 그대로 남는다.

이런 변수를 가리켜 멤버 변수(member variable)로 부른다. 클래스의 멤버이기 때문이다. 한 가지 유의할 점은 변수의 이름이 밑줄로 시작한다는 사실이다. 다만, 이 방식은 일종의 관습일 뿐이지 반드시 지켜야 할 규칙은 아니다. 멤버를 의미하는 소문자 m을 변수명 앞에 붙이는 관습도 있다.

구현 파일

헤더 파일은 클래스의 틀을 정의하기 위한 것이다. 실제 작업을 수행하는 파일도 따로 있어야 할 텐데, 이를 가리켜 구현 파일(implementation file)이라고 한다. 구현 파일의 확장명은 .cpp이다.

다음 코드를 작성하고 Flasher.cpp라는 이름으로 Flasher 폴더에 저장한다.

```cpp
#include "Flasher.h"

Flasher::Flasher(int pin, int duration)
{
    pinMode(pin, OUTPUT);
    _pin = pin;
    _d = duration / 2;
}

void Flasher::flash(int times)
{
    for (int i = 0; i < times; i++)
    {
        digitalWrite(_pin, HIGH);
        delay(_d);
        digitalWrite(_pin, LOW);
        delay(_d);
    }
}
```

메서드 이름 앞에 **Flasher::**가 붙어 있는 약간 낯선 구조가 보일 것이다. 이는 메서드의 소속이 **Flasher** 클래스라는 의미이다.

생성자 메서드(**Flasher**)는 자신이 받은 파라미터를 해당 private 멤버 변수에 대입한다. 단, **duration** 파라미터는 2로 나뉘어 멤버 변수인 **_d**에 대입된다. 이는 delay가 두 번 호출되기 때문에 깜빡이는 전체 간격은 켜져 있을 때 지연 시간과 꺼져 있을 때 지연 시간의 합이라고 보는 것이 더 논리적이라는 이유에서다.

flash 메서드에서 실제로 LED를 깜빡이는 작업이 수행된다. 이 메서드는 파라미터로 전달된 횟수만큼 적절한 지연 시간을 유지하면서 LED를 깜빡인다.

라이브러리 완성하기

지금까지 라이브러리를 완성하는 데 필요한 핵심 내용을 모두 살펴보았다. 지금 당장 이 라이브러리를 배포하더라도 전혀 문제없이 동작할 것이다. 하지만 라이브러리를 완성하려면 두 단계가 더 남았다. 아두이노 IDE는 사용자가 입력하는 코드를 각기 다른 색상으로 표현한다. 한 단계는 바로 이를 위한 키워드 정의 과정이다. 다른 한 단계는 라이브러리 사용 방법에 대한 예시를 포함하는 과정이다.

키워드

키워드를 정의하려면 Flasher 디렉터리에서 keywords.txt라는 파일을 만든다. 그리고 이 파일에 다음 두 줄의 코드를 입력한다.

```
Flasher KEYWORD1
flash   KEYWORD2
```

이 텍스트 파일은 두 열짜리 테이블이다. 왼쪽 열은 키워드이고, 오른쪽 열은 이 키워드의 종류이다. 클래스 이름은 **KEYWORD1**이어야 하며, 메서드는 **KEYWORD2** 여야 한다. 열 사이에 있는 공백이나 탭의 수는 하나 이상이면 아무 상관이 없지만 각 키워드는 반드시 새 줄에서 시작해야 한다.

예시

선량한 '아티즌[5]이라면 다른 아티즌의 어려움을 그냥 지나쳐서는 곤란하다. 여기서는 여러 가지 예시를 폴더에 담아 제공하자는 말이다. 다만, 라이브러리가 단순해서 예시를 하나만 제공해도 충분할 것이다.

모든 예시는 Flasher 폴더 안에 있는 examples 폴더에 담아야 한다. 여기서 제공할 예시가 사실 아두이노 스케치이므로 아두이노 IDE에서 작성할 수도 있다. 하지만 그보다 먼저 아두이노 IDE를 종료했다 다시 열어 새 라이브러리를 인식하도록 해야 한다.

아두이노 IDE가 다시 시작되면 아두이노 IDE의 메뉴에서 **파일**과 **새 파일**을 차례로 선택하여 새 스케치 창을 연다. 그리고 **스케치**를 선택한 다음, **라이브러리 포함하기**를 클릭한다. 이제 그림 11-1과 비슷한 옵션 창이 나타날 것이다.

선으로 구분된 항목들은 위쪽이 공식 라이브러리이고, 아래쪽이 '비공식' 라이브러리이다. 모든 작업이 정상적으로 수행되었다면 이곳에 Flasher가 표시될 것이다.

Flasher가 목록에 없다면 사용자의 스케치 폴더 아래의 libraries 폴더에서 Flasher 폴더가 있는지 확인해야 한다.

조금 전 열린 스케치 창에 다음 코드를 입력한다.

```
#include <Flasher.h>

const int ledPin = 13;
const int slowDuration = 300;
const int fastDuration = 100;

Flasher slowFlasher(ledPin, slowDuration);
Flasher fastFlasher(ledPin, fastDuration);
```

5 　옮긴이 편의상 아두이노와 시티즌을 합성한 표현입니다. 다른 곳에서는 찾아볼 수 없습니다.

```
void setup(){}

void loop()
{
    slowFlasher.flash(5);
    delay(1000);
    fastFlasher.flash(10);
    delay(2000);
}
```

그림 11-1 │ **Flasher 라이브러리 가져오기**

아두이노 IDE에서는 예시 스케치를 libraries 폴더에 곧바로 저장할 수 없기 때문에 임의의 위치에 Simple_Flasher_Example이라는 이름으로 우선 저장해야 한다. 그러면 해당 위치에 Simple_Flasher_Example 폴더가 새로 생성되는데, 이 폴더를 앞에서 만든 Flasher 폴더의 examples 폴더로 옮겨 놓는다.

이제 아두이노 IDE를 다시 시작하면 그림 11-2처럼 메뉴에서 예시 스케치를 열 수 있다.

그림 11-2 | 예시 스케치 열기

정리

C++나 라이브러리 작성을 주제 삼아 할 이야기는 더 있지만, 여기서는 시작했다는 데 의미를 두고자 한다. 그래도 아두이노를 다루기 위한 내용은 충분히 언급했다고 생각한다. 아두이노는 작다. 하지만 우리 마음속에는 아두이노로 대단한 솔루션을 만들어 내고 싶은 유혹이 존재한다. 이런 유혹만 떨쳐 버리면 매우 간결하고 직관적인 솔루션을 찾을 수 있을 것이다.

이 책은 그런 고민의 결과이다. 아두이노에 관한 더 깊은 내용이나 앞으로 더 배우고 싶은 주제가 있다면 언제든 아두이노 공식 웹사이트인 **www.arduino.cc**를 방문해 보기 바란다.

찾 / 아 / 보 / 기